安部徹也 著
松尾陽子 マンガ原作
ミイダチエ 作画

マンガでやさしくわかる
コトラー
Kotler

日本能率協会マネジメントセンター

はじめに

「ビジネスでなかなか成果があがらない……」
そう、お悩みの方も多いのではないでしょうか？

実は何を隠そう私自身もその一人でした。
私は会社員を辞め、海外のビジネススクールでＭＢＡを取得後、経営コンサルティング会社を起こしたものの、顧客を獲得するのに四苦八苦していました。そんなときに出逢った書籍が『コトラー＆ケラーのマーケティング・マネジメント』（丸善出版）。1000ページにも及ぶ分厚い本で、価格も1万円弱と高額なことから躊躇する気持ちもありましたが、思い切って購入しました。ただ、この決断が私の人生を大きく変えることになろうとは、その時は露ほどにも思っていなかったのです。

コトラー教授の本には、ビジネスで成果をあげる方法が、一から具体的に記されていました。私はその教えを忠実に守り、一つひとつ実践していくだけで、これまでまったく成果があがらなかったのが嘘のように、少しずつではありますが、結果に表本書を読み進めながら、どんな会社にでも起こり得る決して他人事でない難問を解決する方法を一緒に考えることによって、あなたのマーケティングセンスを磨いていくこともできるでしょう。

それでは果たして、入社1年目の新入社員が会社を背負うプロジェクトを任されて、どのような波乱万丈のストーリーが展開されるのか？

物語を始めていくことにしましょう。

２０１５年2月　安部徹也

マンガでやさしくわかるコトラー　目次

Prologue

コトラーのマーケティング・マネジメント入門

Part 1

「顧客」は誰か？

セグメンテーション
ターゲティング
ポジショニング
…自分の会社が
どのような
お客様を相手に
商売をするかを
特定してな

やろうよ！
みんな！
ターゲットに
直接ニーズを
聞く機会なんて
なかなか
ないことだよ！

Part 4

「流通チャネル」を築く

私はただ
Speedyのバイクを売るなら
ondaの製品引き上げると言っただけだ
Speedyとonda
どちらを販売するか選んだのはお店の方だよ

Part 5

「プロモーション」で顧客を買う気にさせる

Part 6

「顧客との関係」を強くする

Prologue

コトラーのマーケティング・マネジメント入門

Speedy社
Story 0
ふたつの出会い
田宮さんっ この書類お願いしまーす！
どさっ
電動バイクベンチャー企業 Speedy社に入社して半年 即戦力として期待され 奮闘の毎日…
ふぅ
早乙女 レイナ(23)
ガチャ
おはよう
早速だが聞いてくれ
恩田 壮一郎(35)
電動バイクSpeedy社社長

今度の新製品のマーケティングチームのメンバーを発表する
いいなー いつか私も新製品開発に関わりたい…
マーケティングリーダー 早乙女レイナ
えっ!?
私が…ですが?
ざわ…
ざわ
そうだ できるか?
ニッ
やります! やらせてください!

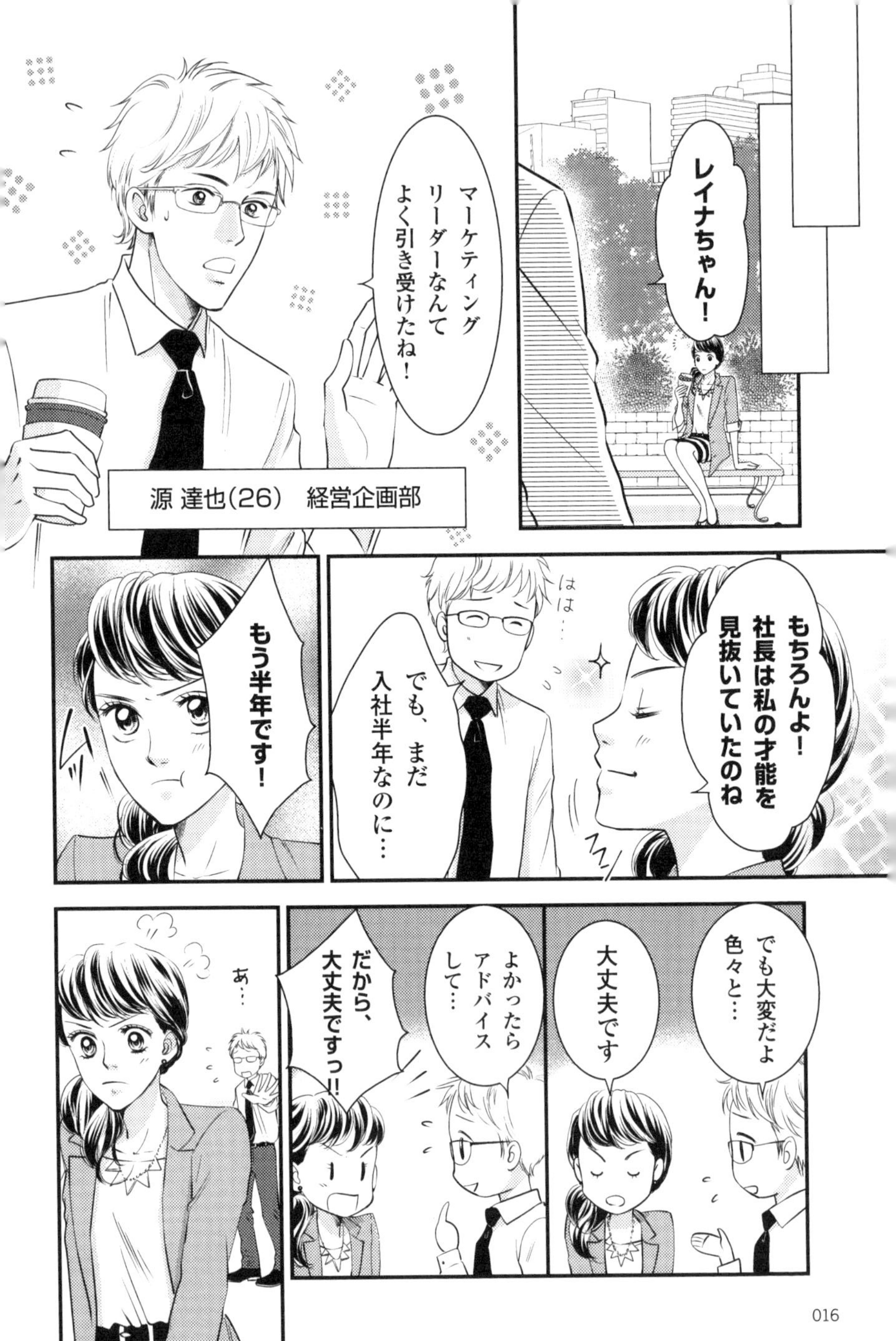
レイナちゃん！
マーケティングリーダーなんてよく引き受けたね！
源 達也(26)　経営企画部
もちろんよ！社長は私の才能を見抜いていたのね
はは…
でも、まだ入社半年なのに…
もう半年です！
でも大変だよ色々と…
大丈夫です
よかったらアドバイスして…
だから、大丈夫ですっ!!
あ…

確かにマーケティングって言葉しか知らなかったけど…
インターネットで調べればなんとかなるわよ！
マーケティング…っと！
カタ カタ
ずらっ
マーケティングと
マーケティング入門
マーケティ
マーケティン
うっ!!
これだけの記事仕事の合間に読めないわ…
そうだ！本なら家で読めるわ！
パッ
¥5.680
マーケティング論
¥5.180
マーケティング論
¥5.280
コトラーのマーケティングマネジメント
¥9.100
えーっ!?こんなに高いの〜っ!?
ガタッ

必要なものだけど
ん――…
一冊5000円以上する…
うーん…
ゴツ
ガツ
ガツ…
本なら図書館で借りたら？
ひょい
それーっ!!
ビクッん
ガターン
あすみません…
すごい大声…
くすくす
ゴホゴホ
翌日、土曜日――
うう～ん本はあったけど…
ぜ、全然頭に入ってこない…
ぷしゅ～～…
う～ん…
コトラーのマーケティングマネジメント
ばんっ!
はじめからこんな調子じゃダメだわ!

場所変えよ！
うーーん
うーーん
コツ
コツ
コツ
コトラーのマーケティングマネジメン
にこ…
コトラー先生!?
もしもし
あっ
はい
えっ!?

01

フィリップ・コトラー教授と『マーケティング・マネジメント』

マーケティングで成果をあげようと目指す者が必ず読むべき著書。それが『マーケティング・マネジメント』

⇩これからマーケティングを学ぶ人へ

マンガの主人公、早乙女レイナのように、マーケティングを学ぼうと志した人が、必ず出会う人物がいます。それがフィリップ・コトラー教授。

コトラー教授は長年マーケティングの研究に携わり、数々の独自の理論を提唱してマーケティングの発展に寄与してきました。特にコトラー教授が世界中でマーケティングのトップランナーとして認められているのは、**常に環境に応じてマーケティン**

グを変化させてきた点にあります。

⇩コトラーのマーケティングの変遷

たとえば、これまでマーケティングは数々の進化を遂げてきました。モノがあまり市場に行き渡っていなく、つくれば売れる時代、企業は大量生産によって低価格を実現し、大量販売へとつなげていきました。このような製品中心のマーケティングをコトラー教授は「マーケティング1・0」と定義しています。

続いて、経済が豊かになり消費者が所有欲を満たすようになると、人と違うものが欲しいというニーズが芽生えてきます。このような消費者を満足させるためには個々の消費者のニーズを踏まえてマーケティングを展開する必要が出てきます。この消費者志向のマーケティングが「マーケティング2・0」と呼ばれるものです。

そして、最近では、消費者はモノに対してお金を使うよりも、価値を重視して製品やサービスを選択するようになりました。たとえば、地球環境にやさしいなど、社会的意義に重きをおいて購入を決定する消費者が増えてきたのです。このような消費者に対しては価値主導のマーケティングが効果的であり、コトラー教授はこれを「マーケティング3・0」と名付けています。

⇩マーケティングは変化する

このようにマーケティングとは、固定化された理論ではなく、**自社の置かれた環境に応じて、変化させていかなければ成果につなげることができない**のです。そして、様々な環境に対して効果的なマーケティングを研究し続けてきたのがコトラー教授であり、その研究結果をまとめたものが『マーケティング・マネジメント』なのです。

ですから、コトラー教授の編纂した『マーケティング・マネジメント』は、1000ページにも及ぶ大著であり、様々な業界の具体的な事例を基に効果的なマーケティング戦略が解説されています。また、時代と共に『マーケティング・マネジメント』もアップデートされ、今では14版（日本版は12版）を重ねています。**コトラー教授の『マーケティング・マネジメント』は、マーケティングを教えるビジネススクールで定番の教科書として採用される他、企業のマーケティング担当者にもバイブルとして読み継がれている**のです。以下では、そのエッセンスとなる理論を概観していきます。

コトラー教授が定義する マーケティングの変遷

	マーケティング1.0	マーケティング2.0	マーケティング3.0
特徴	製品中心のマーケティング	消費者志向のマーケティング	価値主導のマーケティング
目的	製品を販売すること	消費者を満足させ、つなぎ止めること	世界をより良い場所にすること
可能にした力	産業革命	情報革命	ニュー・ウェーブの技術
市場に対する企業の見方	物質的ニーズをもつマス購買者	マインドとハートをもつ洗練された消費者	マインドと精神をもつ全人的存在
主なマーケティング・コンセプト	製品開発	差別化	価値
企業のマーケティング・ガイドライン	製品の説明	企業と製品のポジショニング	企業のミッション、ビジョン、価値
価値提案	機能的価値	機能的・感情的価値	機能的・感情的・精神的価値
消費者との交流	1対多数の取引	1対1の取引	多数対多数の協働

出典『コトラーのマーケティング3.0 ソーシャル・メディア時代の新法則』（フィリップ・コトラー、ヘルマワン・カルタジャヤ、イワン・セティアワン著、恩藏直人監訳、藤井清美翻訳、朝日新聞出版）

02

そもそも、マーケティングって何？

マーケティングとは、お客様のニーズにこたえて、利益をあげていくこと

マーケティングは商品を販売すること？

さて、マーケティングを学ぶのであれば、「マーケティングとは何か？」という根本的な理解からスタートする必要があります。

おそらくマーケティングという言葉を知らない人はいないでしょうが、マーケティングがどのようなものであるかをしっかりと理解している人は案外少ないものです。

たとえば、多くの人が「マーケティングとは、自社製品やサービスをより多く販売すること」と思っているかもしれません。営業担当者が自社製品を積極的に売り込んだり、特売品を用意して店頭で呼び込んだりして、どんどん自社製品の販売につなげていくイメージです。

⇩マーケティングの定義

ただ、この考え方はマーケティングを的確に表したものではありません。実のところ、マーケティングとは、まったく逆で**〝販売を不要にすること〟を究極の目的にしている**のです。

コトラー教授は『コトラー&ケラーのマーケティング・マネジメント』の中で、ドラッカー教授の言葉を引用して、次のように述べています。

「セリング（販売）の必要性はこれからも続くだろうと考えられる。しかし、マーケティングの狙いはセリングを不要にすることだ。マーケティングの狙いは顧客を知り尽くし、理解し尽くして、製品やサービスが顧客にぴったりと合うも

のになり、ひとりでに売れるようにすることである。理想をいえば、マーケティングの成果は買う気になった顧客であるべきだ。そうなれば、あとは製品やサービスを用意するだけでよい。」

この言葉は、マーケティングを端的に表しています。

つまり、**マーケティングとは人々や社会が求めるものを見極めて、製品やサービスという形で提供することによって、顧客の期待にこたえていく活動**なのです。マーケティングを最も短い言葉で表せば「ニーズにこたえて利益をあげること」といえるでしょう。

⇩成果をあげるために「マーケティング・マネジメント」は欠かせない

また、マーケティングで成果をあげるためには、**人の感性に敏感な芸術的な要素**と、**数値で効果を検証していく科学的な要素**が重要なカギを握ります。このふたつの要素がバランスよくマーケティングに織り込まれることによって最大の効果が発揮できるようになるのです。そして、**1回の成功に終わらず、長い間成功を収め続けるために重要になってくるのがマーケティング・マネジメント**といえます。

マーケティング・マネジメントでは、まず顧客を特定し、芸術的な感性で顧客に望まれる価値を生み出します。そしてその価値を、適切に伝達し、提供することによって顧客を獲得していきます。加えて、科学的な活動として、数値で結果をモニターしながら、顧客を維持し、育てていくのです。

このマーケティング・マネジメントを適切に実践することにより、自社から「買ってください」とお願いする販売を行わなくても、顧客の方から「売ってください」とお願いされ続けるマーケティングを成功に導くことができるようになるのです。

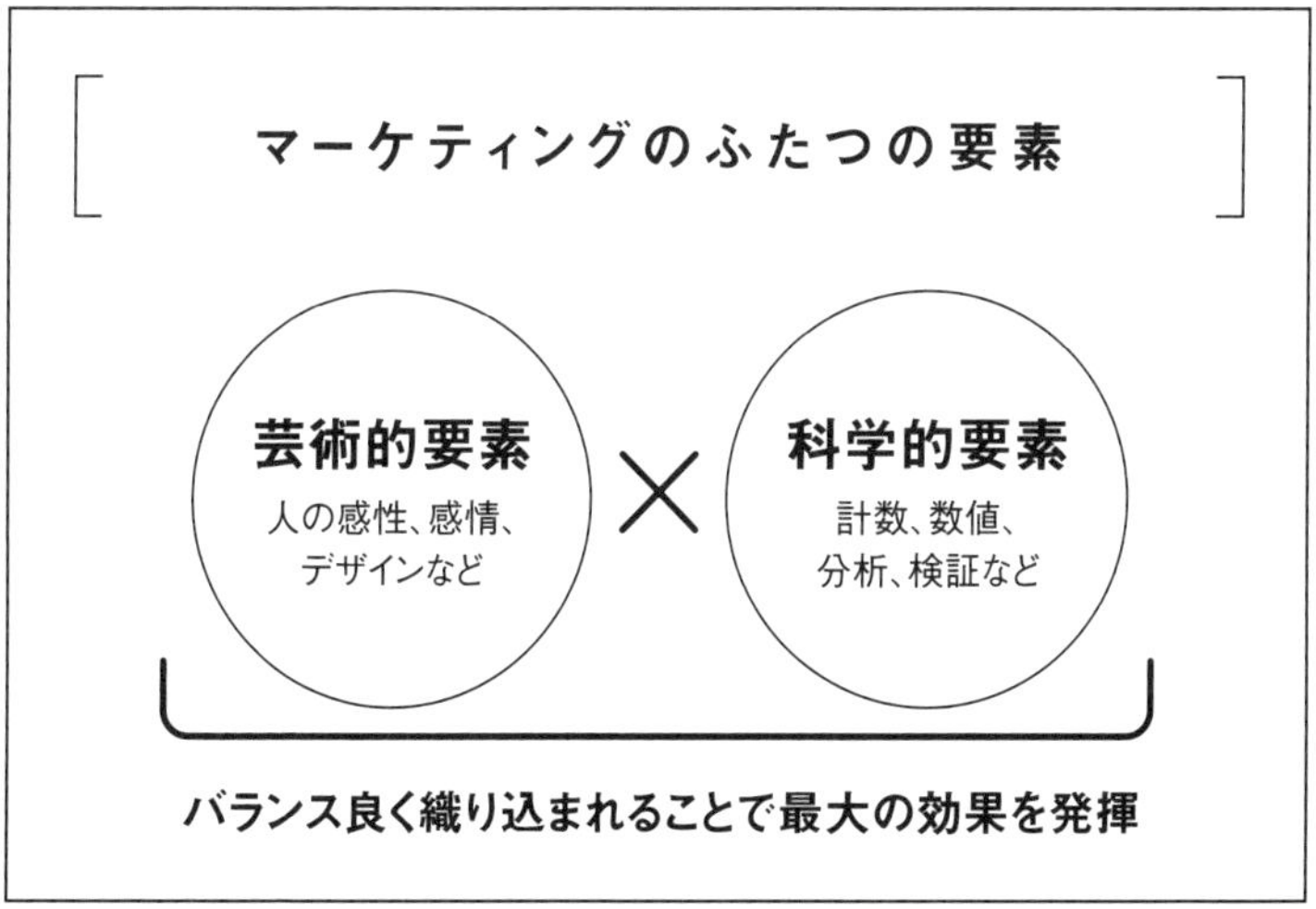

03

なぜマーケティングは重要なの？

マーケティングは、企業の事業活動の源泉となるお金を生み出すという意味で戦略の中でも最も重要な役割を果たす

企業活動とマーケティング

企業活動の源泉はお金です。お金がなければ、社員を雇うこともできませんし、オフィスを借りることもできません。ですから、企業はお金を稼ぎ続けなければ活動を続けることができないのです。

この**企業活動の原資となる資金を手に入れるために最も重要な活動がマーケティング**なのです。企業には、マーケティングの他にも、お金を金融機関から調達する財務や社員を採用する人事、業績を記録する経理など様々な部署がありますが、それらの部署も売上がまったく立たなければ存在する意義さえなくなってしまいます。その意味で、**企業にとって、まず重要となるのは、顧客を獲得し、売上をあげてキャッシュを生み出すことであり、その役割をマーケティングが果たす**ことになるのです。

中には「素晴らしい製品さえつくっておけば、自然に売れるから、マーケティングなど必要ない」とモノづくりに力を注ぐ企業もあるかもしれませんが、今や市場にはモノが溢れ、何もせずとも顧客の方から自社製品を見つけて、「売ってください」とアプローチされることは難しくなってきています。やはり、価値のある製品やサービスを生み出すことができたら、適切に価値を伝え、提供するしかけを考えていかなければなりません。自然に売れるということは奇跡でもない限りはあり得ない話なのです。

つまり、巷に溢れる製品やサービスの中で、自社製品の存在を際立たせ、自然に顧客に選ばれるしくみを築いて、事業活動に必要なキャッシュを生み続けるという意味で、マーケティングはどんな企業にとっても重要なものになるのです。

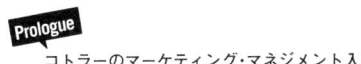

04

マーケティングが対象とするもの

マーケティングは製品やサービスに限定されるものではなく、様々な分野に応用可能である

企業活動とマーケティング

マーケティングの対象には、もちろん製品やサービスが挙げられますが、マーケティングの応用範囲はそれに留まりません。マーケティングは、他にも様々なものに活用できるのです。

マーケティングの対象となるのは製品やサービスを含めて次の10分野にわたります。

マーケティングの対象となる10の分野

マーケティングの対象となる10の分野

分野	マーケティングを活用する事例
財（製品）	自動車を販売する パソコンを販売する
サービス	航空券を販売する 会計サービスを提供する
イベント	オリンピックのスポンサーを募る コンサートの集客を図る
経験	テーマパークでの経験価値を高める 芸能人が同行するツアーを企画する
人	俳優や女優のブランド力を高める 政治家が当選するよう運動する
場所	各県が観光大使などを起用し、存在感を示す ブランド店を誘致し、魅力を高める
資産	保有する土地や建物の価値を高める 投資会社が有価証券の魅力をアピールする
組織	企業が就活生に好ましいイメージを与える 大学が受験生に対してイメージアップを図る
情報	車の情報を雑誌にして販売する 値上がりしそうな株式情報を特定の会員に販売する
アイデア	発明したアイデアを企業に売り込む 組織内でアイデアを取り上げられやすくする

Part 1

「顧客」は誰か？

セグメンテーション
ターゲティング
ポジショニング
…自分の会社がどのようなお客様を相手に商売をするかを特定してな

販路は限定したほうがいいかもしれないわ

Story 1
まずは相手を知る
コトラー先生？
あっ！すみません
いま読んでいた本の作者に似ていたから…
わしが？
コトラーに似てるなんて光栄だね
ははは
あの…コトラーを知っているんですか？
知っておるよ
わしも現役のころそうやって『マーケティング・マネジメント』を読んだものだ
コトラーのマーケティ マネジメ
本当にっ!? すごい偶然ですね!!
私もいまマーケティング関係の仕事をしているんです！

あの～よかったらちょっと教えてもらえませんか？
この本難しくて全然わからなくて…
ふむ…
わしに何ができるかわからんが…
ありがとうコトラー先生！
コトラー先生？
で、何がわからないのかね？
何もかもです！
えっ!?
何から始めればいいんでしょうか？
てへ
はっはっはなるほどそれは困ったなぁ
笑い事じゃないですよっ！
そうだねぇ…
お嬢さんは友達になりたいと思った人がいたらまず、どうするかね？

いま、そんな話関係ありませんよ
そんなことはない
難しい話は身近なものに例えて考えると意外とわかりやすくなるものだ
友達になりたかったらどうするかね？
ほれ
えっ、そうだな～
…その人の趣味とか
好きなものとか
…を聞くかな
そう
マーケティングも同じことだよ
まずは相手をよく知ることだ
セグメンテーションターゲティングポジショニング
…自分の会社がどのようなお客様を相手に商売をするかを特定してな

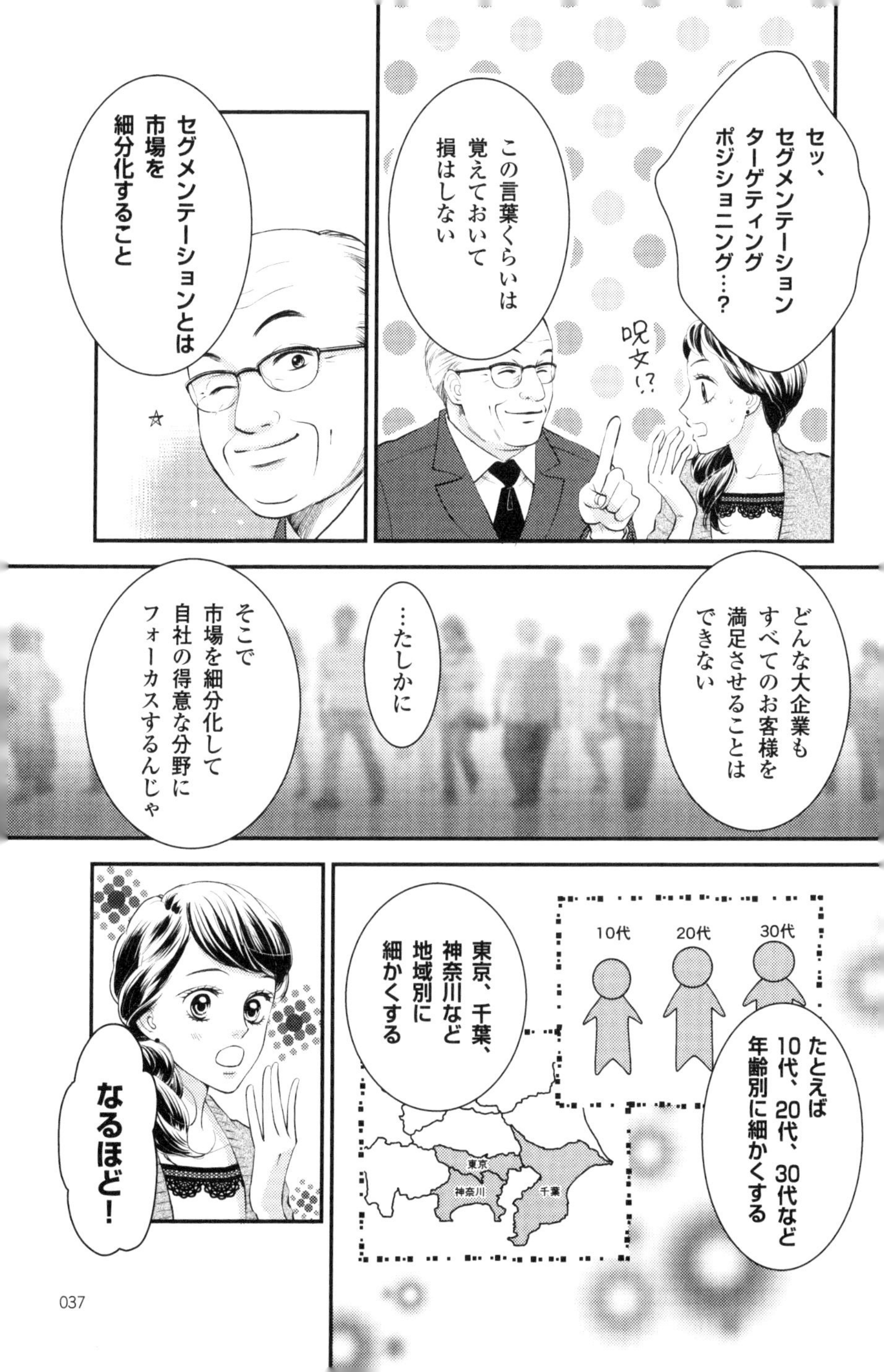

セッ、セグメンテーション ターゲティング ポジショニング…？
呪文!?
この言葉くらいは覚えておいて損はしない
セグメンテーションとは市場を細分化すること
どんな大企業もすべてのお客様を満足させることはできない
…たしかに
そこで市場を細分化して自社の得意な分野にフォーカスするんじゃ
10代
20代
30代
たとえば10代、20代、30代など年齢別に細かくする
東京、千葉、神奈川など地域別に細かくする
東京
神奈川
千葉
なるほど！

細かくされた市場
一つひとつのことを
セグメントというんじゃ
セグメント…
市場を細分化し
それぞれの特徴を
把握したうえで
自社のマーケティングが
最も成功しそうなセグメントに
標的を定めていくプロセスを
ターゲティングというんじゃ
市場
うちの会社は
まだ若いし
規模も小さい…
製品の傾向も
どちらかというと
若い人向けだし…
販路は
限定したほうが
いいかもしれないわ

ターゲットが定まって
ニーズを把握したら
いよいよ製品開発じゃ
このとき
ライバルとなる他社と
差別化するために
ここでやるで!!!
自社
大手
大手
独自の
立ち位置を決めて
直接の競争を
避けることも
できる
これを
ポジショニング
というんじゃ
うちみたいな
ベンチャー企業は
どうがんばっても
大手にはかなわないし
う〜ん
競争を避けるためにも
大手の販売動向を
チェックしないと…
ガッガッ…
おっと…
それじゃあ
私はこれで
失礼するよ
あっ…
ありがとう
ございました!

それから数日
新製品開発にあたり まずどんなお客様をターゲットにするかはっきりさせました!
レイナちゃん…
なるほど それで?
ニッ
わが社が新しく開発する電動バイクのターゲットは…
ハラ
ハラ
わが社の規模 既存製品 そして他社の動向などを検討した結果
東京郊外に住んでいる20代の働く女性がふさわしいと思います!

ほ――っ
まぁ…
最初は合格と
いったところか
えっ…
――で、
わが社は
ターゲットに
対して
〝どんな〟製品を
つくればいいんだ？
翌日――
先生！
コトラー先生！
タタッ

01

流れに乗ったビジネスを展開する

世の中の流れを見極めて時流に乗ったビジネスに取り組もう

まず分析したい6つの視点

マーケティングの成功のためには、世の中の流れを見極めていく必要があります。

流れに乗ってビジネスを展開すれば上りのエスカレーターに乗るように苦労せず成果をあげることも可能になるでしょうし、逆に流れに逆らえば下りのエスカレーターで上の階を目指すごとく、結果を出すためにはかなりの労力が必要になってきます。

たとえば、Ｓｐｅｅｄｙ社の取り組む電動バイク事業は、「燃料費が安い」「環境にやさしい」と時流に乗ったビジネスといえるでしょう。

世の中の「流れ」を見極めるためには6つの環境を分析していく必要があります。

⇩（1）デモグラフィックス環境

デモグラフィックスとは、人口統計学的な属性を表しています。具体的には、**人口や男女比率、年齢構成、家族形態、教育水準など**が含まれます。

デモグラフィックス環境は、成熟した先進国では短期間で急激に変化する可能性は低いため、比較的将来が予測しやすいといえます。たとえば、今後少子高齢化は益々進み、人口の減少が

6つの分野から世の中の流れに乗ったビジネスを見極める

環境	トレンド・流れ
デモグラフィックス環境	人口や構成の変化、家族形態など
経済環境	景気や金利の変動、所得水準など
社会―文化的環境	新たな文化やライフスタイルの変化など
自然環境	消費者の環境に対する意識や天然資源など
技術的環境	技術革新の進展など
政治―法的環境	業界に関する法律制定など

続いて、核家族化や一人暮らしの世帯が増加することでしょう。このような将来予想されるトレンドを把握したうえで、流れに乗ったビジネスを検討していく必要があるのです。

⇩(2)経済環境

景気がよければどんどんモノが売れるでしょうし、不景気になれば財布の紐を固く閉じ、必要最低限の買い物しかしなくなります。さらに**消費者の所得水準や貯蓄、負債の状況**も重要な指標です。たとえば、所得が上昇トレンドにあれば、消費者は消費の割合を増やすでしょうし、下降トレンドにあれば、将来に備えて貯蓄の割合を増やすかもしれません。また、**金利**が低ければ、お金を借りて家や車など大きな買い物をする可能性も高まりますし、逆に金利が高くなれば、消費を減らしてでも借入を返済して金利負担を軽減しようという行動に移るのです。

⇩(3)社会——文化的環境

色ひとつをとっても、赤が好きな人もいれば、青が好きな人もいるように、個人の好みや価値観は千差万別です。もちろん、厳密には、まったく同じ価値観をもった人は存在しませんが、大別すれば同じような特徴をもった数多くの人が存在します。

その背景にあるのが、社会―文化的環境です。**自分の育ってきた環境や受けてきた教育**により価値観は変わります。たとえば、50年前の日本では、夜間に営業する店も少なく、夜に活動する人は少なかったでしょうが、現代では夜間営業のお店も増え、夜に活動する人の数はかなり増加しました。こうした**ライフスタイルの変化は大きなビジネスチャンスになり得る**のです。つまり、社会的、文化的な変化を見逃さずに、消費者のニーズにこたえていけば成功の確率を高められるでしょう。

⇩（4）自然環境

最近では**自然環境を意識する消費者**が増えています。環境にやさしい製品とそうでない製品が、同じ価格で店頭に並んでいれば、迷わず環境にやさしい製品を手にとる消費者が増えてきたのです。このようなトレンドを見過ごしてはいけません。消費者と同じ目線で、自然環境に対する意識を高めていく必要があるのです。もし、環境を破壊してまで利益にこだわるような姿勢が垣間見られれば、不買運動で業績を大きく落とすことにつながりかねません。

また、自然環境という意味では、**天然資源の動向**も把握しておく必要があります。

天然資源は有限であり、資源の使用状況や埋蔵量を把握したうえで対策を立てておく必要があるのです。たとえば、２０００年代には、採掘技術に革新が起こり、アメリカで安価なシェールガスが多く産出されるようになりました。これにより原油価格が下落するなどエネルギー事情が変化し、ビジネスにも大きな影響を与えているのです。

⇩（5）技術的環境

技術的環境の変化は、劇的にビジネを変える可能性があります。近年、**技術革新のサイクルは短期化し、トレンドを押さえていなければ、トップを走る企業も短期間で後続に追い抜かれることさえ珍しいことではない**のです。

たとえば、カメラといえば、かつてはフィルムカメラが当たり前でしたが、デジタルカメラの登場により、フィルムカメラは市場から駆逐されていきました。今ではスマートフォンの普及により、デジタルカメラさえも、その存在意義が薄れかけています。このようなトレンドを押さえていなければ、かつてフィルムメーカーのトップに君臨していたイーストマン・コダックの経営破綻と同じ運命を辿ることも起こり得るのです。

⇩（6）政治――法的環境

政治上の決定や新たな法律の制定は、いい意味でも悪い意味でも、ビジネスに大きな影響を与えます。たとえば、政府が導入したエコポイント制度（エネルギー性能が高い製品の購入に対して、エコポイントを付与し、実質的に割引価格で購入できる制度）により、家電量販店は売上増につながるなど、良い影響を受けました。一方、2009年に施行された改正薬事法では、第一類医薬品及び第二類医薬品のインターネットでの通信販売等が禁止され、ネット専業の医薬品販売業者は売上が大きく落ち込むなどの悪影響を受けました。

政治や法律は、一企業では変えることができないものなので、**早めに状況を把握して対応策を講じる**必要があります。幸いなことに、この政治―法的環境は成熟した先進国では急変するということは少ないので、十分に準備する時間はあるでしょう。

02

自社を取り巻く環境を熟知する

「市場」「ライバル企業」「自社」の分析は売るべくして売るしくみの構築には欠かせない

「売るべくして売る」しくみ

世の中の流れを把握したら、次は、市場の状態やライバルの対応、そして自社の現状の戦力など、よりビジネスに近い情報を収集・分析していきます。

「市場ではどのようなモノが求められているのか?」「ライバル企業は市場において、どのようなモノを提供しているのか?」「ライバル企業を上回るために、自社の強みを踏まえてどのようなモノを提供すべきなのか?」が明確になれば、成功の可能性が高まります。具体的には、次の３つの視点を考えましょう。

売るべくして売るしくみをつくる3つの視点

分析の対象	内容・ポイント
市場	**・現在の市場規模は?** 市場規模が小さければ、ビジネスを継続させるだけの十分な収益があがらない可能性もある **・市場規模の成長性は?** 早期に参入し市場での主導権を握ることで、市場の成長とともに大きな収益をあげられる可能性もある
ライバル企業	**・どのような企業が事業を展開しているか?** ライバル企業の資金力や人的資源、営業拠点、社長のリーダーシップなど戦力面を分析 **・どのような顧客を対象にどのような製品やサービスを提供しているか?** 事業面の分析により、各社の戦略の違いを浮き彫りにする
自社	**・「彼を知り、己を知れば百戦殆うからず」** 顧客やライバル企業、そして自社を知り尽くすことは成功のための絶対条件 **・自社がもつ独自資源や強みは?** ライバル企業に勝利して、顧客に選ばれるためには、自社に強力な“武器”が欠かせない

03

「顧客」を絞り込む（1）
——セグメンテーション

**大きな市場を
同じ特徴をもった小さなグループに
分類しよう**

顧客を絞り込む3つのプロセス

ビジネスでの成功の可能性を高めるためには、**顧客の絞り込みが重要です。顧客を絞り込めば絞り込むほど、ピンポイントでより望むモノを提供できるようになり、選ばれる確率が高くなる**からです。マーケティングでは、顧客の絞り込みを「セグメンテーション」「ターゲティング」「ポジショニング」という3つのプロセスで行っていくことになります。

まず、セグメンテーションとは、**大きな市場を特徴に応じて細かくしていく**プロセスです。たとえば、バイク市場といっても、その顧客は「バイクで車と同じように長距離を移動したい人」「バイクを家から駅までの通勤の足としたい人」など様々で、それぞれバイクに求めるものがまったく違います。これらの異なる顧客を一括りにして製品開発を行っても魅力ある製品は生まれないのです。

そこで、様々な条件により市場を細分化し、特徴を把握していく必要があるのです。具体的には「地理的細分化」「デモグラフィックスによる細分化」「サイコグラフィックスによる細分化」「行動による細分化」という4つの方法があります。

また、以下のような条件で細分化を行う際に注意すべきポイントは、**それぞれのセグメントで同じニーズがあるかどうか**です。セグメンテーションは、単に条件で顧客をグループ分けしても意味がありません。同じニーズをもつ顧客群に分類することによって、効果を発揮するのです。

(1)地理的細分化

地理的細分化では**市場を地理的な条件で細分化**していきます。たとえば、「東日本」「西日本」などの地域や「東京都」「中央区」などの都道府県や市区町村、または

「駅から近い」「駅から離れている」などのエリア条件で市場を細分化していくのです。

⇩(2)デモグラフィックスによる細分化

デモグラフィックスによる細分化では、**市場を人口動態変数で細分化**していきます。たとえば、年齢や性別、世帯構成、所得、教育水準などによって、グループ分けを行います。

一般的にセグメンテーションを行う際は、このデモグラフィックスによる細分化が行われます。消費者のニーズとデモグラフィックス変数との関連性が高いほか、デモグラフィックス変数は客観的なデータに基づいていて、他の変数よりも測定しやすいというのが理由です。

⇩(3)サイコグラフィックスによる細分化

サイコグラフィックスによる細分化では、**心理学とデモグラフィックスを組み合わせて、消費者を心理面からグループ分け**していきます。たとえば、性格の特徴やライフスタイル、価値観などに基づくグループ分けです。

デモグラフィックスにより細分化した「20代の女性」に、サイコグラフィックスによる細分化を加えれば、さらに「節約志向」や「高級志向」などまったく異なる価値観をもつグループに分類できるなど、市場を細かくしていくことができるでしょう。

⇩（4）行動による細分化

行動による細分化では、**顧客を製品に対する知識や態度、使用法、反応などでグループ分け**していきます。

たとえば、製品に対する知識でいえば、「すでに豊富な知識をもっている顧客」もいれば、「まったく予備知識のない顧客」もいるでしょう。また、その製品に対して好意的な態度を示す顧客もいれば、中立的、最悪の場合は敵対的な顧客もいることでしょう。その他、大量に使う人と少量しか使わない人など、使用量による細分化も可能です。

04 「顧客」を絞り込む（2）
——ターゲティング

細分化された市場に対して
自社の強みが最も活きるセグメントに
ターゲットを絞ろう

対象顧客を絞り込む

セグメンテーションで市場を同じような特徴をもつグループに細分化したら、次はターゲットを絞っていくプロセスに移ります。たとえば、ベンチャー企業など経営資源の乏しい企業は、ひとつの製品をひとつの市場に投入するというターゲティングが効果的でしょうし、大企業のように経営資源の豊富な企業であれば、複数の製品を複数の市場に投入するというターゲティングも可能です。いずれにしろ、**自社の置か**

れた状況に応じて適切なターゲティングを行っていく必要があるのです。
ターゲティングでは、次の5つの条件を検討しながら進めていくといいでしょう。

ターゲティングの5つの条件

条件1　数値で測定できるか?

セグメントが人数や金額など測定できる数値で把握できるものである

条件2　利益を確保できるか?

セグメントが事業を継続する意味で十分な規模があり、利益をあげることができる
※ただし将来的な成長が見込まれる場合、参入検討の余地あり

条件3　顧客に接近できるか?

顧客に効果的にアプローチし、製品やサービスを提供できるセグメントである

条件4　差別化されているか?

ターゲットとなるセグメントは、他のセグメントと差別化されている

条件5　マーケティング戦略を実行できるか?

ターゲットとなるセグメントに対して、自社が効果的なマーケティング戦略を実行できる

05

「顧客」を絞り込む（3）
――ポジショニング

ライバルのいない空白地に位置取り、ビジネスを展開できれば成功確率は高まる

⇩市場の「位置取り」を明確にしよう

ターゲット顧客を絞り込むことができたら、顧客の特定の最後のプロセスとして、ポジショニングを検討していくことになります。

すべてのマーケティング戦略は、これまでお伝えしてきた「セグメンテーション」と「ターゲティング」、そしてこの「ポジショニング」を基本としています。たとえば、バイクメーカーであれば、市場において「長距離の移動がしたい」や「普段の足として使いたい」など、様々なニーズをもつグループに分けていくことができるでしょう。それに加えて、自社の強みが活きるセグメントにターゲットを絞り込んだら、最終的に**自社がターゲット顧客に強烈に印象付けられる位置取り（＝ポジショニング）**を行っていかなければならないのです。

ポジショニングで重要なことは、**自社よりも強力なライバルと同じポジションをとらない**ことです。もし、同じポジションに自社よりも強力なライバルが存在すれば、顧客の大半はライバル企業になびいていくことでしょう。可能であれば空白地を見つけて、そこに飛び込んでいくことが理想となるのです。

⇩価値基準ポジショニング

ポジショニングを検討する際は、「価値基準ポジショニング」という方法が活用できます。一般的にひとつの業界には、**「製品品質に優れた企業」「効率的なオペレーションに優れた企業」「顧客サービスに優れた企業」**という3つのタイプがあります。これらすべてを同時に最高にすることは不可能に近いので、**これらのうちどのポジションを極めていくかを決めてビジネスを展開**するのです。

たとえば、ハンバーガー業界では、マクドナルドは「効率的なオペレーションに優れた企業」を目指しています。ビジネスの効率化を図り、「手軽にハンバーガーが食べられるお店」というイメージを顧客に植え付けているのです。一方でモスバーガーは「製品品質に優れた企業」を追求しているといえるでしょう。業界で規模の大きいマクドナルドが「効率的なオペレーションに優れた企業」というポジションを固めていることを考えれば、「美味しいハンバーガーが食べられるお店」というポジショニングは賢明です。

実際に検討する際には、以下の４つのルールが指針となるでしょう。

「価値基準ポジショニング」検討のルール

ルール１ 3つの価値基準のうちひとつを選択して「No.1」を目指す

ルール２ 残りのふたつの基準も、最低限のレベルはクリアする

ルール３ 選択した価値基準でライバル企業がいれば、負けないように努力する

ルール４ ライバル企業が顧客の期待を上げ続ける可能性が高いため、他のふたつの価値基準の向上も目指す

Part 2
「価値」を生み出す

Story 2
バイクを売るな、“価値”を売れ!
…それで ターゲットは 決まったんですけど
その人たちに 買ってもらえる 製品のアイデアが 思い浮かばなくて…
その考え方は 誤りじゃよ
えっ!?
お客様が 求めているのは 製品ではないんじゃ
ガーーーン
製品じゃない!?

お客様は製品を通して得られる「ベネフィット」を求めているんじゃよ
お客様が求めているのはドリルではなく穴だということじゃ
ドリルの穴？
つまり
考えるべきなのはどんな製品を売るのか？ではなく
このかべに棚をつけたいけどネジ穴がないよ～
製品を通して顧客のどんな不便や悩み、欲求を解消していくのか
ということじゃよ
不便…
悩み…
欲求…

そんなに難しく考えず
身近なことに
置き換えてみたら
どうかな?
もし自分が
お客様だったら
どんなものが
いくらくらいで
欲しいか?
お客様の視点で
徹底的にニーズを
掘り下げていくんじゃ
自分が
お客様だったら…?
そんなこと
言ったって…
そうだ!
ガタッ
ターゲットは
決まってるんだから
直接聞けば
いいんだわっ!!
ビクッ

そう！
ターゲットにどんな電動バイクが欲しいか直接聞くの！
アンケート？
それはわかったけどどうやって？
ドヤッ
電話、FAX班街頭アンケート班に分かれてお客様の声を集める
リーダーは私よ！
文句があるなら社長に言ってくれる？
他の仕事もあるのにー
ズーン
あのぅ…

僕、やるよ
キュッ
キュッ
街頭アンケート班に入るね
えっ
あっ、ありがとう！
にこっ
やろうよ！みんな！
ターゲットに直接ニーズを聞く機会なんてなかなかないことだよ！
う、うん…
源さんがそう言うなら…
決まりだね！
ス…スゴイ

電動バイク？
ガソリンを使わないの？だったらエコだわいいかも！
通勤に電動自転車が欲しいと思っていたんだけど、電動バイクでもいいかも
バイクなんてダサいし男性の乗り物でしょ
友達にバイク乗っている人なんていないからよくわからないわ
カタカタカタカタ

不便 → 郊外で通勤に時間がかかる
悩み → 車、バイクを買いたくてもお金がない
バイクはダサイ
男性の乗るものというイメージが
あるから乗りにくい
欲求 → 安くて女性らしいデザインの
電動バイクが欲しい
エコでお財布にやさしい!
これだわ…!
…というわけで

女性向けのかわいいデザインでお買い求めやすい価格の電動バイク
…がターゲットのニーズに合うと思います
なるほどデザイン案は？
女性に人気のデザイナーさん数人に依頼しています
値段は？
10万円くらいを想定しています
…わかったそれでやってみよう
はっ、はい！
やった――っ！

それから
みんなで奔走し、
そしてとうとう――
New
¥99,800!!
新型電動バイク発売!
あっ
コトラー先生!
やぁ!

顧客の声を集めて…
やっと製品が…
あの、よかったらこれからもこうして会ってもらえませんか？
私は構わないよオードリー
オードリー？
そう、オードリー・ヘップバーン若いころに憧れた女優じゃ
お嬢さんに似てるじゃろ
特に前髪がのう
女優に似てるなんてうれしーっ
この女優さんなら知ってます！「ローマの休日」っていう映画に出てましたよね
じゃあ…改めてこれからもよろしくお願いしますコトラー先生！
こちらこそオードリー

それから
しばらくして
おはよー
どうしたの!?
はい
プルル
はい
スピーディー社
ありがとう
ございます
プルル
少々
お待ちください
プルル
電動バイクの
問い合わせです!
それは大変!
プルルルル
今これが熱い♪
電動バイク
ファッション雑誌に
電動バイクの記事が
載ったみたいで
…もうずっと
電話とメールが
止まらないんだ!
カタカタカタカタ
はい!
スピーディー
社ですっ!

——その月の電動バイクの売上は記録的なものとなりました
バイク業界トップシェア
onda　本社
社長室
経済レポート
営業部長
はい
わが社も電動バイク市場に参入することにした
は…
わ、わかりました
Speedy社か…
…壮一郎め！

01 顧客の望むものを把握する

顧客が何を望んでいるのかを知り、どの程度の価格であれば購入することができるのかを把握しよう

顧客にとっての価値を決めるもの

顧客を明確に絞り込んだら、次はその顧客が価値を感じるものを生み出していかなければなりません。**顧客にとっての価値は、製品やサービスが与えるベネフィットと価格で決まります。**たとえば、顧客が望む製品で品質を高くすればするほど、そして逆に価格を低くすればするほど価値は高まっていくというわけです。

まずは価値を生み出す「プロダクト戦略」を見ていくことにしましょう。

⇩「ニーズ」「ウォンツ」「ディマンズ」を把握する

価値ある製品やサービスを生み出すために、マーケターは顧客を知り尽くさなければなりません。**何を考え、何に悩み、何を望み、何に喜び、何に不安を感じているか**など刻々と変わる顧客の心を察し、期待にこたえる製品・サービスを提供し続けます。

製品開発のプロセスでは、まず顧客の「ニーズ」「ウォンツ」「ディマンズ」を把握しなければならないでしょう。

ニーズとは、顧客が満たされていない状況において、「何か」で満たしたいという思いです。たとえば、自宅から駅まで距離が遠く時間がかかっていれば、「どうにかして時間を短縮したい」と考えるでしょう。これが「ニーズ」と呼ばれるものになります。続いて**ウォンツとはニーズをさらに具体化したもの**です。自宅から駅までの時間をどうにかして短縮したいというニーズは多くの人に共通していますが、不便さを解消する方法は一人ひとり変わります。バスを利用する人もいれば、家族に送り迎えをしてもらう人もいるでしょう。また、自転車や電動バイクを利用する人もいます。このように「バス」や「車」、「自転車」「電動バイク」など、満たされない状況を具体的なもので解消したいという思いが「ウォンツ」なのです。マーケターは**顧客**

のニーズを踏まえたうえで、ニーズを満たすために自社製品が顧客にウォンツとして想起されるよう、マーケティング戦略を考えていかなければならないのです。

もうひとつ重要なのは「ディマンズ」です。**ディマンズとは、顧客が欲しいと思った際、製品やサービスを購入するだけの資金的余裕がある状態**のことです。いくら欲しいと思っても、購入に必要な金銭的な余裕がなければ、購入されることはありません。たとえば、電動バイクがいくら便利だからといっても、価格が高すぎれば、低価格の自転車で我慢するということにつながるのです。

つまり、顧客のニーズを把握すると同時に、どのくらいの購買力があるのかを把握しておかなければ、顧客が「欲しくても買えない」という状況に陥ってしまうのです。

お客様は製品を通して得られる「ベネフィット」を求めているんじゃよ
お客様が求めているのはドリルではなく穴だということじゃ
ドリルの穴?
顧客のニーズをふまえたうえでウォンツを満たす製品・サービスを提供する

02 どのような製品をつくるのか？

「顧客価値ヒエラルキー」のどのレベルで製品を提供するのかを決定しよう

「顧客価値ヒエラルキー」に基づく製品設計

製品設計を検討する際は、「顧客価値ヒエラルキー」という考え方に基づいて製品のレベルを決定することができます。

顧客価値ヒエラルキーは、5つのレベルから成り、レベルが上がっていくにつれて、顧客が感じる価値も高まっていきます。

⇩レベル1　中核ベネフィット

顧客ヒエラルキーのベースとなるのは、「中核ベネフィット」です。

たとえば、電動バイクでいえば、「電気の力で動くこと」といえるでしょう。こうした**製品として必要最低限の機能**が中核ベネフィットに該当するのです。

⇩レベル2　基本製品

次のレベルは「基本製品」です。中核ベネフィットに**製品としての機能**を加え、製品価値を高めていきます。

電動バイクであれば、ハンドルで操作しやすくしたり、シートを設置して

製品レベル：
「顧客価値ヒエラルキー」

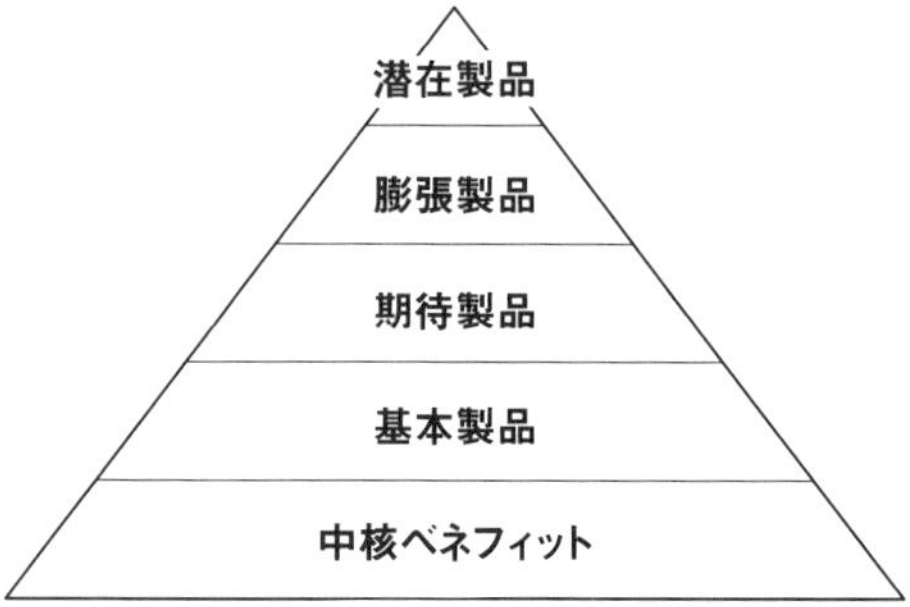

座って運転できたり、バイクとしての基本機能を搭載していくイメージです。

⇩レベル3　期待製品

「期待製品」のレベルでは、**顧客が通常期待する機能**を付加していかなければなりません。たとえば、電動バイクにおいては、ガソリンバイクと同じくらいのパワーやスピードを出せることや1回の充電で長時間走れることなどが顧客の期待となるでしょう。企業側はこの期待にこたえていかなければならないのです。

⇩レベル4　膨張製品

このレベルでは顧客の期待にこたえるだけでなく、それを上回っていく必要があります。「膨張製品」のレベルから**企業の差別化が進んでいく**ことになるのです。**独自のデザインやライバル他社が追随できないような機能**を付加して、顧客に「この製品は他と違う」ということを強く印象付けていくのです。

⇩レベル5　潜在製品

最後のレベルは「潜在製品」です。このレベルでは将来行われる可能性のあるすべての膨張および転換を含んでいます。

潜在製品は、**戦略的に長期的な視点に基づいて差別化を行っていくもの**であり、実際に全体像が実現された際にはライバルに圧倒的な差を付けることも可能になります。電動バイクを例にすれば、スマートフォンと連動するシステムを組み込み、電源管理や走行距離、移動ルートなどを管理するアプリを次々に開発して加えていけば顧客の利便性も高まり圧倒的な差別化を実現することができるかもしれません。

⇩重要なのは戦略の整合性

製品開発を行う際は、このような顧客価値ヒエラルキーを踏まえてどのレベルの製品を提供するのかを決める必要があります。レベルの高い製品を提供しようとすればするほどコスト増につながるのが一般的ですので、適切なレベルを選択することがプロダクト戦略の成功につながるでしょう。

実務においては、**自社のポジショニングに相応しいレベルを選ぶと戦略の整合性を保つことができる**でしょう。

03 どのようにして「差別化」するのか？

製品自体の差別化を検討して、ライバル企業との違いを明確化しよう

差別化を決める様々な要素

自社製品を顧客に選んでもらうためには、ライバル製品との差別化がカギを握ります。もし、他社と同じ製品しか提供できなければ、自社製品を選んでもらえるかどうかは運任せとなるでしょう。やはり、マーケティングを成功に導くためには、**「この会社の製品だから」**と指名買いしてもらう必要があるのです。製品を差別化する要素には、以下のような様々なものがあります。

製品を差別化する主な要素

方法	内容
形態	製品の大きさや形、物理的な構造を変える （例）小型バイクや大型バイクなど大きさを変える
特徴	製品の基本的な機能を補う様々な特徴を付加する （例）電動バイクに長時間利用できるバッテリーを搭載する
製品品質	「低い」「平均的」「高い」「最高級」から製品の品質レベルを決める （例）「最高級」の電動バイクを目指す
適合品質	同じ製品であれば同じクオリティを保つ （例）すべての電動バイクが同じ加速を実現できるよう品質を均一にする
耐久性	製品が故障せずに使用できる期間を長くする （例）3年間はメンテナンス不要になるような耐久性を目指す
信頼性	製品が誤作動したり、作動しなくなるという状況を少なくする （例）電動バイクの誤作動ゼロを目指す
修理可能性	手軽に修理できるしくみを提供する （例）修理マニュアルをインターネットで公開する
スタイル	製品の外観を特徴あるものにし、買い手に与える印象を高める （例）人気デザイナーを起用して、斬新な電動バイクを生産する

04

いくらで売るのか？
——プライス戦略を考える

プライス戦略の目的を明確化して適切な価格を設定しよう

⇩価格は目的で決まる

価格の設定はマーケティング戦略の中でも非常に重要な意味をもちます。**価格をいくらに設定するかで、製品の価値が決まる**からです。たとえば、いくら品質の素晴らしい製品でも、顧客が感じる価値以上の価格を設定してしまえば、売れることはありません。一方で、あまり品質の高いものでなくても、非常に安い価格を設定すれば、顧客は価値を感じて飛ぶように売れることもあるのです。

価格を設定する際には、企業として**「何を目的にするのか？」**を明確にしたうえで、最終的に決めていくといいでしょう。企業が置かれた状況に応じて、適切なプライス戦略があります。価格設定の主な目的として、次の5つが挙げられます。

⇩企業の目的1　最大市場シェアを目指す

最大市場シェアを目指す場合は、**圧倒的な低価格**がカギを握ります。通常、大量生産を行ってコストを引き下げ、低価格を実現するという手法がとられます。一度、大きなシェアを獲得できれば、生産量を引き上げてコストを削減し、さらなる値下げでリーダーの地位を確固たるものとすることもできるでしょう。これは市場浸透価格設定と呼ばれますが、次のような場合に効果的なプライス戦略になります。

- **顧客が価格に敏感であり、低価格によって需要を大きく引き上げられる**
- **大量生産が生産コストと流通コストの削減につながる**
- **低価格によってライバル企業の反撃を封じることができる**

ストーリーの中で、レイナが新型電動バイクを10万円を切る思い切った価格に設定したのも、電動バイク市場で大きなシェアを獲得するためといえるでしょう。

[Speedy社のプライス戦略]

パターン1：1000台しか販売できなかった場合

①価格	99,800円
②販売台数	1,000台
③売上高（①×②）	99,800,000円
④費用〈変動費〉（②×8万円）	80,000,000円
⑤費用〈固定費〉	60,000,000円
⑥損益（③－④－⑤）	▲40,200,000円

※変動費・・・電動バイクの原材料費など販売台数に応じて変動する費用
固定費・・・人件費やオフィスの賃料など売上にかかわらず必要な費用

パターン2：5000台販売できた場合

①価格	99,800円
②販売台数	5,000台
③売上高（①×②）	499,000,000円
④費用〈変動費〉（②×8万円）	400,000,000円
⑤費用〈固定費〉	60,000,000円
⑥損益（③-④-⑤）	39,000,000円

↓

**販売台数が低ければ赤字の危険性があるが、
低価格で需要を喚起することにより大量販売を実現して、
黒字化を目指していく市場浸透価格戦略。**

⇩企業の目的2　最大経常利益を実現する

多くの企業は「経常利益の最大化」を目指して価格設定を行っています。この場合、いくつかの価格候補を検討し、それぞれの需要を予測します。そして、コストを差し引いて経常利益が最大となる価格を決定するのです。ただし、需要を正確に予測できない場合は赤字に陥ることも考えられますので注意が必要です。

⇩企業の目的3　最大上澄み吸収を目指す

新製品を投入した際に、早期に開発資金を回収したいケースもあるでしょう。このような場合、最も高い価格からスタートして徐々に価格を下げていく**上澄み吸収価格設定**が活用できます。特にハイテク製品などは、市場に投入した当初は価格をあまり気にしないマニア層の購入が中心となりますので、**高価格で新製品を提供した後に徐々に値下げして一般消費者層に販売を広げていく**という戦略が功を奏します。

この上澄み吸収価格設定は、次のような条件の下で有効な戦略となるでしょう。

- **製品投入当初から十分な規模の買い手が存在する**

・**少量生産の単位コストがあまり高くなく、高い利益を実現できる**
・**ブランドなどで障壁を築き、ライバル企業が参入できない**
・**顧客が、高い価格は優れた製品の証しであるというイメージを抱いている**

⇩企業の目的4　製品品質のリーダーシップを目指す

企業が市場において「製品品質のリーダー」を目指す場合、**顧客にとってぎりぎり手の届く高価格**に設定していきます。たとえば、スターバックスのコーヒーやハーゲンダッツのアイスクリーム、ＢＭＷの自動車、Ａｐｐｌｅの·ｉＰｈｏｎｅなどは、同じような製品の中でもプレミアム価格を設定していて、それぞれが「製品品質のリーダー」のポジションをキープしています。

これら「手の届くラグジュアリー品」は**顧客に知覚される品質やセンス、そしてステータスのレベルが高い**のが特徴です。それゆえ、強いロイヤルティを示すファン客が数多く存在し、プレミアム価格を喜んで支払うことにつながるのです。

⇩企業の目的5　生き残りを賭ける

過剰な生産能力やライバルとの激しい競争、消費者のニーズの変化などに苦しみ、業績不振に陥っている場合、企業は、生き残りを賭けてプライス戦略を決定していかなければいけません。赤字転落を避けるため、原材料費などの変動費に若干プラスアルファした強気の価格設定で顧客を魅了し、ライバル企業を打ち負かしていくのが一般的です。

ただし、**生き残りを賭けた価格設定は、短期的なものであり、長期的には価値を付加する方法を模索していく必要がある**点は注意すべきです。

Part 3

強い「ブランド」を確立する

Story 3
強力ライバル現れる
Speedy社が開発した新製品の電動バイクは売上絶好調
わが社は成長期に入り社員一同胸をなで下ろしていました
…が
ガチャリ
ほこほこ♪
ふ〜…
ピッ
電動バイクでエコライフを
onda
バイクは電動もオンダです
ヅうう〜〜…
ondaも電動バイク始めたんだ
onda〜
onda
onda〜
オ〜onda〜
…CM多くない？

なっ…
なにこれ!?
ガばっ
オンダマ〜
さっきから
ondaのバイクの
CMばかり
流れてるじゃない!
みんな
テレビ見た!?
レイナさん
大変です!
これ!
えっ!?
ここにも
onda!?
Good Drive
Good Eco
電動バイクは
onda
ネットには
特設サイトが
できてます!!

電車の中吊り広告もondaー色だったよ
ondaが電動バイク市場に参入してきたみたいだね
それはわかってる!
でも この広告の力の入れよう ちょっと普通じゃないわ!
レイナさん大変です!!
電動バイクの発注数が…
ええっ!?

ひそ…
ondaが電動バイク市場に参入してきたってことは…
ひそ…
わが社のこれ以上の成長は見込めない…
おしまいだ…ondaに勝てるわけない…!
なによ!
みんなどうしたの!?
ondaがなんだっていうのよ!
やっとここまできたんじゃない!!
簡単にあきらめすぎよ!!
……

そうだよ！
僕も
同じ気持ちだ
源さん!?
みんながんばって
ここまで来たのに
こんなことで
あきらめるなんて
僕はイヤだ！
こんなやり方
間違ってる！
で、
でも…
そんなこと
言っても…
なぁ…
……
みんな
いるな！

とうとう ondaに 目をつけられたな
社長！
社長まで もうダメだって 言うんですか!?
半年だ
えっ!?
早乙女 お前がリーダーだ
そして半年 できるだけのことをしろ
半年後 わが社の業績が 改善しなかったら…
わが社は 電動バイク市場から 撤退する！

撤退!?
どのみち何もしなくても同じ運命だ
できるか？
…！
やります！
やらせてください！
それから私たちは販売店を回り自社製品の営業をしましたが
ｏｎｄａの製品が台頭してきた今どの店舗でも販売数はおろか注文数も減る一方でした

やあ
オードリー…
せっかく
いい製品ができたのに
大手が参入してきて
業績はボロボロで…
もう
どうしたら
いいのか…
ビジネスはね
大きな企業が
勝つとは
限らないんだよ
えっ…!?

ブランドを確立して ファンをつくるんじゃ
ファンが 増えれば 小さい会社でも 大きな会社に勝てる
BRAND
ブランド…? ファン…?
そう
デザイン
イメージ
ブランドを確立するには ライバル他社との類似点 相違点を明確にして 差別化するんじゃ

ファンとは
どんなことがあっても
変わらず応援し続けて
くれる人たちのこと
そんなファンを
お客様はもちろん
取引先にも
増やしていけばいい
だから
会社を生き残らせる
ためには
ファンをどうやって
増やすかを
徹底的に考え抜くんだ
でも
私…そんな…
どうしたら…
ビジネスは
一人で戦うもの
じゃない
仲間がいれば
どんな困難にも
打ち勝てる
オードリー
君は決して
一人じゃない

…というわけで
Speedy社の電動バイクのブランドを確立したいの
お願い！
みんなの意見を聞かせて！
…この間ondaの電動バイクを見てきたけど
わい
わい
やっぱりかっこよかったわー
シェアもどんどん広げてるし…さすが大手だよな
値段も手ごろだしあれじゃ負けるわ！
でも売り場にいるお客さんは男性ばかりだったよ
わい
わい

うちの電動バイクって20代女性をターゲットにしているのよね？
もっと女性向けの電動バイクだってアピールできたら…
デザインのバリエーションを増やすとか！
それは予算的に厳しいよ…ただでさえ注文数が減ってるのに
その日の気分でデザインが変えられたら面白くない？
着せ替え電動バイクか！
それならやり方次第ではコストは抑えられるかも！
おおーーっ
レイナちゃんどう？
それーっ!!

アイデアを得た私たちは早速動きました
電動バイクやヘルメット等の小物の着せ替えデザインを考えたり
再び販売店に売り込みに行ったり――
きせかえバイク
みんな「これが最後のチャンス」だと思い、必死でした
お願い…着せ替え電動バイク…！

私たちの
努力の結果――
えー
ちょっとだけ
その日の気分で♪
きせかえ
バイク&ヘル
「20代女性のための
〝かわいい〟着せ替え電動バイク」
というブランドコンセプトは
ターゲット顧客の
心をつかみ
きせかえ
かわいい!
わー!☆
かわいい~
かわ
Speedy電動バイク
カタログ
○月
○月
○月
○月
○月
○月
半年後――
注文数、販売数が
回復の兆しを見せました
売上データ

01

競争への対応

規模を拡大していくためには、競争相手を特定し、勝つ確率の高い競争を見極めることが重要

競争相手の特定

製品が成長期に入ると、高まる収益機会を求めて数々の企業が参入してきます。

ストーリーの中では、バイク業界のトップシェアを誇るｏｎｄａがＳｐｅｅｄｙの電動バイクの成功を見過ごさず、新製品を投入し、成長の芽を摘みとる戦略に打って出ました。

マーケティング戦略では、戦う相手を３つの基準で特定していきます。

⇩（1）強いか？　弱いか？

自社よりも弱い相手を競争相手に選ぶことで、競争に勝つ確率は高くなるのが一般的です。たとえば、大企業のｏｎｄａにとっては、ベンチャー企業のＳｐｅｅｄｙは経営基盤も脆弱であるため、比較的くみしやすい相手であり、勝算ありと判断し、電動バイク市場に参入してきたのでしょう。

⇩（2）近いか？　遠いか？

通常、**自社に近い競合他社、つまり同じようなビジネスを展開している企業を標的とします。**ｏｎｄａは、同じバイク業界であるＳｐｅｅｄｙを

［ 競争相手を特定する３つの基準 ］

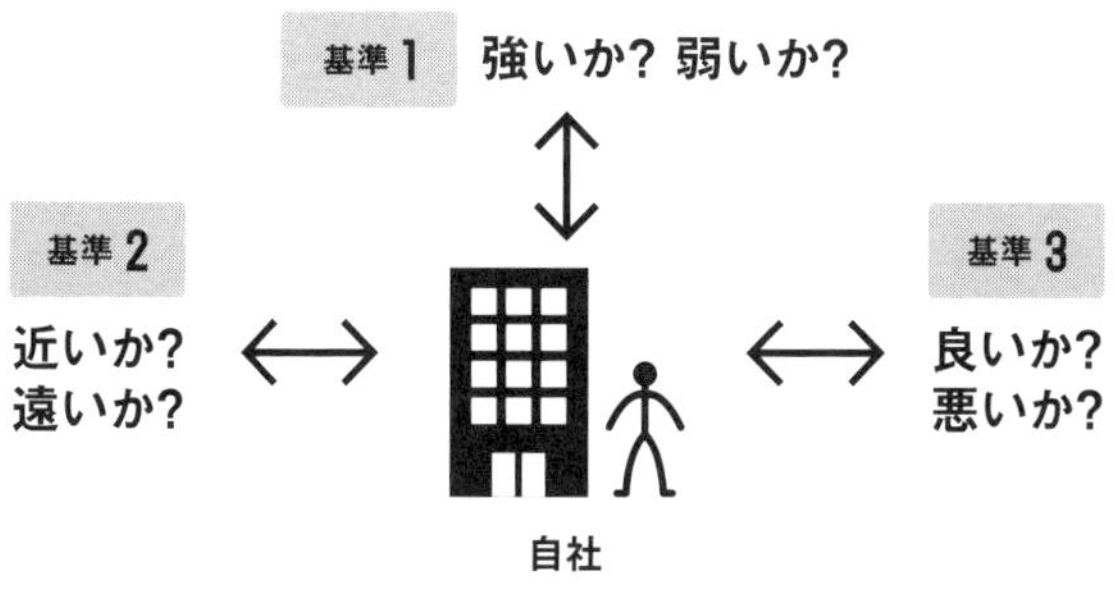

競う相手として選ぶということです。ただ、場合によっては遠くの相手、すなわち自社の本業とはあまり関係のない競合に戦いを挑むこともあります。たとえば、ｏｎｄａが損害保険など金融業界に参入すれば、ライバルは同業ではなく、従来のビジネスとは遠い損害保険会社となるのです。

⇩（3）「良い」か？ 「悪い」か？

競合相手には「良い」「悪い」が存在します。

「良い」競合相手とは、業界のルールに則って健全な競争を展開する企業です。「良い」競合相手と品質や価格で適切に競争を行うことにより、業界の安定が図れるようになるのです。

一方、**「悪い」競合相手とは、市場をかき乱す存在**であり、徹底した攻撃対象となります。「悪い」競合相手は、シェアをお金で買ったり、過剰な設備投資を行って非常識な低価格で製品を販売したり、業界の秩序を乱し、市場の破壊を目論んでいるからです。

02 マーケット・リーダーの競争戦略

マーケット・リーダーは、規模の大きさを最大限に利用し、弱い敵を叩くことが勝利のカギを握る

マーケット・リーダーがとるべき戦略

マーケット・リーダーが競合相手と戦う時、その**地位を活かした効果的な勝利**が望まれます。たとえば、圧倒的な経営資源を武器に、新しい製品を開発したり、顧客サービスを向上させたり、流通の効率化を図ったり、大量生産でコストを削減したりすることが挙げられるでしょう。様々な方法で業界を主導し、競争力と顧客価値の向上を目指して競合企業を打ち負かしていくのです。

具体的には次のような戦略で競争を優位に進めていくことができます。

⇩戦略１　優れた製品性能

リーダー企業の優れた人材、原材料の調達力、工場設備などを駆使し、優れた性能の製品を生産します。製品の耐久性や信頼性は、顧客にとって魅力的です。

⇩戦略２　大規模かつ効率的な販売網

リーダー企業は、すでに整備された**広範囲かつ大規模な販売網**を使い、製品の大量販売が可能になります。特に独占的に販売する流通チャネルの構築によって、さらに効率的な販売が期待できます。

⇩戦略３　優れたサービス

購入後のアフターサービスの充実など、**製品以外の要素での差別化**も可能です。バイクであれば購入後の定期点検を無料でサービスするなど、**顧客に安心を提供することにより**、選ばれる確率は高まっていくのです。

⇩戦略4　フルライン戦略

経営資源に余裕のある企業であれば、**様々なニーズをもつ顧客に対して、様々な製品を用意するフルライン戦略**を採用することによって売上をアップさせることができます。たとえば、若い男性向けにはパワーがあり、スピードの出るスポーツタイプの電動バイク、高齢者向けには転倒しない3輪の電動バイク、企業向けにはバッテリー容量が大きく長距離を走行できる電動バイクなど、様々な製品を取り揃えることで売上機会を増やすことができるようになるのです。

⇩戦略5　良い支払い条件

資金調達力においても圧倒的に有利な立場にあるリーダー企業は、**顧客に良い支払い条件を提示して、売上につなげていく**ことができます。たとえば、大量生産によって低コスト化を進め、定価から大きくディスカウントしても、十分な利益を確保することもできるでしょう。また、分割支払いを導入して顧客が毎月わずかな額を負担するだけでよくなれば、一括では購入できない顧客を取り込んでさらに販売台数を伸ばすことも可能になるのです。

03 マーケット・チャレンジャーの競争戦略

経営資源に劣る企業が勝利を収めるには、正面からの戦いを避け、リーダーの弱みを突くか、ブランドを築くことが必要不可欠である

マーケット・チャレンジャーがとるべき戦略

リーダーに攻め込まれたマーケット・チャレンジャーは、いくつかの攻撃戦略の中から適切なものを選択して反撃に出ることができます。

戦略1　正面攻撃

まず、正面攻撃として、製品、価格、プロモーション、流通において、リーダー企業に真っ向から勝負を挑むことがあります。**正面攻撃においては経営資源に勝る企業が勝利する確率が圧倒的に高い**ことを考えれば、リーダーとチャレンジャーの実力が拮抗している時にのみ選択されるオプションといえるでしょう。

⇩戦略2　側面攻撃

側面攻撃とは、**リーダー企業の弱みをついて、自社の勢力を増していく**方法です。**地理的次元**と**セグメント的次元**のふたつの方向性が考えられます。

たとえば、リーダー企業が大都市圏を中心に事業を展開している場合、地方が手薄になります。手薄になった地域に進出すれば、直接の戦いを避けて事業を拡大できるでしょう。また、リーダー企業のメインターゲットを明らかにし、直接の競合とならない顧客層を狙うこともできます。

⇩戦略3　ゲリラ攻撃

経営資源に劣るチャレンジャー企業は、**ピンポイントで小さな攻撃を断続的にしかけ、市場に足場を築く**こともできます。これがゲリラ攻撃と呼ばれる戦略です。

たとえば、戦略的に一部の製品の圧倒的な値下げを断行したり、一部地域や顧客層に対して激しいプロモーション攻勢をしかけたりして、リーダー企業を幻惑させ、士気を挫いて勢力の拡大を目指していくことが可能でしょう。

⇩具体的な攻撃方法・戦術

戦略に続いて、チャレンジャーがとり得る具体的な攻撃方法・戦術を紹介します。自社の状況に応じて最も効果的な方法を選択すれば、勝利の可能性は高まるでしょう。

⇩戦術1　製品イノベーション

イノベーティブな製品を生み出すことができれば、競争をリードしていくことも十分に可能でしょう。Ｓｐｅｅｄｙが「着せ替え電動バイク」という新しいコンセプトの製品を考えｏｎｄａに対抗した手法は、これに該当します。

⇩戦術2　廉価品の投入

リーダー企業よりもかなり安い廉価品を投入し、より多くの顧客を獲得する方法もあります。特に品質面でリーダー企業に適わない場合などは、**驚くような低価格を設定し、コストパフォーマンスを高める**ことで、優位な競争が可能となるのです。

⇩戦術3　製造コストの削減

原材料調達の効率化や人件費の削減、コストのかかる生産過程のアウトソースなど、**競合企業よりも製造コストを低く抑える**ことは、競争を勝ち抜く要因となるでしょう。

⇩戦術4　流通イノベーション

従来の流通網を使わずに新たな流通網を開拓していくという選択肢もあります。既存の流通網は、リーダー企業の方が圧倒的に有利になります。一方、業界の常識では考えられなかった流通網を生み出すなど、**独自の販売ルートを築く**ことができれば、競争とは無縁のビジネスを展開することもできるようになるのです。

⇩戦術5　広告プロモーションの強化

チャレンジャーの製品がリーダーの製品よりも優れている場合、広告プロモーションの強化により、販売機会の増大が図れます。**自社の製品がクオリティ面で優れていることをプロモーションで強調し、シェアアップに結び付けていく**のです。

04

競争と「ブランド」の確立

ブランド構築が競争の優位性を大きく左右する

ブランドの構築

小さな企業ほど、ブランドを確立できれば競争を優位に展開できるようになります。

たとえば、Ｓｐｅｅｄｙ社のような小さな企業がブランドを築くためには、次の7つが重要なカギを握るでしょう。

⇩（1）常に新たなことに挑戦し続ける

間違いや失敗を恐れず、業界の慣例を破って新たな挑戦を続けましょう。今の地位に安住せず、過去を捨てて自社を違う目で見続けることが重要なのです。

⇩（2）「指針となるアイデンティティ」を打ち立てる

自信をもって自社製品を提供するために、**自分が何者で、どのような存在価値があるか**を明確にすべきです。独自の価値観を確立し、ぶれない姿勢を貫くのです。

⇩（3）その分野でリーダーだと考えてみる

ブランドとなるためには、どんな分野であれ1番でなければなりません。自社が1番となれる分野を見つけ、実際にリーダーとなるための努力が必要です。

⇩（4）フォーカスする

小さな企業にとって、すべての分野でブランドを築くのは難しいと言わざるを得ません。**一点に集中することで、ブランディング効果を高める**ことができるのです。

⇩(5)能力以上の約束をする

小さな企業ができることは少ないかもしれません。しかし、自社が絶対に負けないと誇れる分野では、顧客と能力以上の約束を交わし、クリアできるよう全精力を傾けて**顧客の高まる期待にこたえ続ける**ことがブランド構築につながるでしょう。

⇩(6)パブリシティと広告を利用して話題を集める

常にマスメディアに話題となるような情報を提供したり、斬新な広告を展開したりして注目を浴び続けることも、ブランド構築において重要なカギを握ります。人々の記憶から忘れ去られないためにも、**常に露出を高めていく**必要があるのです。

⇩(7)消費者志向ではなく、アイデア志向になる

消費者に迎合することよりも、**ブランドの本質と目指すものを見失わない**ことが重要です。そして、新しいアイデアを生み出し続け、企業としての勢いを持続させることが、消費者をワクワクさせ、魅了するブランドにつながっていくのです。

レイナちゃん
気の毒だけど
ondaに
目をつけられたら
もうおしまい
なんだよ
私はただ
Speedyの
バイクを売るなら
ondaの製品は
引き上げると
言っただけだ
Speedyと
onda
どちらを販売するか
選んだのは
お店の方だよ

なっ…
なんですって!?

Part 4

「流通チャネル」を築く

Story 4
“飢えた魚”を探せ
Speedyの電動バイクをよく見かけるようになったわ…
これがこの半年の注文数と販売数のデータです
ピーク時には追いついていませんが…
サッ
この調子ならきっと…
この半年よくやった

だが相手はあのondaだ気を抜かずに頼むぞ
レイナちゃんのがんばりが認められたんだよよかった!
ホー…
よかったな!
ハラハラしたよー
はっ
はいっ!
いやいやここで気を抜かない!まだまだ電動バイクを売らなきゃっ!
はーい
それじゃお店回り行ってきまーす!
……!?

なに今の!?
嫌な予感…
BIKE SHOP
バイクショップ
ま…まあ
仕事、仕事
……ん？
えっ!?
以前
BIKE SHOP
バイクショップ
Speedyきせかえバイク
現在
SHOP
onda
うちのバイクがない!?
どうして…？
キョロ
キョロ
Speedyさん Speedyさん
ちょいちょい
ちょっとこちらへ…
事務室

どういうことですか!?
うちとの取引を中止するって!?
ペこっ ペこっ
本当に申し訳ありません…
onda さんが Speedy さんのバイクを扱うなら
自分のところのすべての製品を引き上げると言ってきたんです
なっ… なんですって!?
そんな急に… ひどいですよっ!
本当に申し訳ありません!
onda さんの製品が取り扱えなくなったらうちの店も終わりなんです…!
本当にすみません!

ボーゼン
とりあえず会社に…
着信12件
わっ!!
もしもし!
レイナさん大変です!
お店から…うちのバイクが消えました!
Onda祭り!!
在庫全部返品です!
ondaが手を回しているみたいです!
New Onda!!
うちとの取引はもうしないって…
Ondaの電
入荷しました

ｏｎｄａ本社
社長室
販売店に どんな圧力を かけたんだ
すぐやめさせろ
勘違い しないで 欲しい
私はただ Ｓｐｅｅｄｙの バイクを売るなら ｏｎｄａの製品は 引き上げると 言っただけだ
Ｓｐｅｅｄｙと ｏｎｄａ どちらを販売するか 選んだのは お店の方だよ
なにを！
Ｓｐｅｅｄｙの バイクを売るなと 言っているのも 当然じゃないか！ 汚い真似を！

まあ
そんなに
興奮するな
…なあ、どうだ、
壮一郎
ニッ
お前の会社も
もう終わりだ
ondaに
来ないか
フン
前にも一度
言ったと思うが
オレは絶対
あんたのもとでは
働かない
……それは残念だ
気が変わったら
また来るがいい
ふ――…
…困った息子だ

私たちは
次の日もまた次の日も
販売店を回りましたが
どこのお店でも
状況は同じでした
ごめんねー
あっ
ふー
ふぅ…
はぁ…
そして…
とうとう
販売数が
0になって
しまったのです――

これからどうなるの…
こんなことって…
ガチャッ
社長！大変です！販売数が…
…ondaに直接話をしに行ってきた
えっっっ!?

…
ondaは本気でSpeedyを潰す気でいるらしい
半年前はなんとか乗り切ったがさすがに今回は勝ち目がない
…そろそろ潮時かもしれないいな
ざわっ…
そんな！諦めるなんて社長らしくないです！
しゃ社長…！
ぽん
君たちを道連れにするわけにはいかない
早乙女もよくがんばった次の会社でもうまくやれるよ

みんな…
なんとか
なるよね！
また
みんなで
がんばれば…！
レイナちゃん
あの社長の様子
見たじゃない
もうダメなんだよ
今のうちに
転職を考えた方が
いいよ
ちょ…
そんな…
みんな、どうして…？
レイナちゃん
気の毒だけど
ondaに
目をつけられたら
もうおしまい
なんだよ
源さんまで！

Speedyは何も悪いことしていないのに！
うちのバイクはどこも問題ないのに！
どうして諦めなきゃいけないの！
できることなら僕も諦めたくないよ
でもバイクを売ってくれる場所がないんじゃあ…
どこも売ってくれないなら…！
キッ
私が一台一台売って歩くわよーっ！

絶対諦めないんだから！
みんなのバカーーっ!!
レイナちゃん!!
いままでみんなでやってきたこと全部ダメになるっていうの？
そんなことさせないいんだから！
でも
でも
どうすればいいの――？

今日は早いな…
やぁオードリー
ぼろぼろ
オードリー?
コトラー先生…!

わああああ
あああん～
ひそ
ひそ
わーーん
しばらくして――
落ち着いたかな？
会社でなにかあったのかな？
はい…すみません
…私たちがつくった製品をどのお店も売ってくれなくなっちゃたんたんです…
COFFEE

それは大変だ
ええ…ライバル会社が手を回して…
うちよりもずっと大きな会社だからお店も逆らえなくて…
私…
じわ…
くやしいすごくくやしい…!
苦労して開発した製品だったの
売れ行きも良くてお客様も喜んで買ってくれたのに
こんなことでダメになっちゃうなんて!
「飢えた魚」はどこにいるかな?

えっ？
もっといい釣り場があるかもしれんぞ
もし、飢えた魚がどこにいるかが特定できれば
後はエサの付いた針をその中に投げ込めば入れ食いも不可能なことではない
広い海の中で魚の群れている場所は決して一ヵ所ではないはずだ

カタカタカタ
ちら
ちら
釣り場って言われてもなー
あ、メール
ポーン
これ…!
Speedy社の電動バイクに一目惚れして、即購入しました。
着せ替えパーツを買いに行ったら
どのお店にもSpeedyのアイテムがありませんでした。
どうしたんですか？
彼とツーリングに行きたくて
電動バイクを買おうと思ったのに
どこにもない！どこに行けば買えますか？
友達も興味を持ったので
休みの日に見に行ったのに
どこにも置いてありませんでした。
どこに行ったらSpeedyの電動バイクを買えますか？

飢えた魚…たくさんいる！
Speedyの電動バイクを欲しがってくれる人はたくさんいる!!
釣り場見つけた！
ガタン
ビクッ
みんな！
くるっ
ハイっ
Speedyのバイクを売る場所を見つけたわ！

本当!?
思い出して!
私たちの
ターゲットのこと
そーう!!
20代女性の
よく行く場所は
バイク屋よりも
デパートや
ショッピングモール、
スーパーよ
ondaだって
そこには手を回して
いないと思うの
なるほど!
そっか!
ね?
そうとわかれば
今から
行ってくるわ!

待って レイナちゃん
えっ
その前に これを 見てくれる？
これ…!?
レイナちゃんが どこも売ってくれないなら 自分で売るって 言ったじゃない？
ネットショップなら それができるかもしれない って思って
Speedy
着せ替え電動バイク
とりあえず お店のイメージを つくってみたんだけど… どうかな？
すごい！
ぶんぶん
ありがとう！ ありがとう！ 源さん！

かあぁ
えっ
あっ
な、なんとか活路が見えてきたわねっ
ぱっ
そ、そうだねっ
おーーっ
みんなーっがんばろう！
やだ…
なんでドキドキしてるの？私
ドキ
ドキ
ドキ
ドキ
ドキ

01

流通チャネルの重要性

流通チャネルは、市場に商品を供給するという重要な役割を果たすだけでなく、市場を創出していくという機能もある

流通チャネルの役割

生産者は、自社製品を販売するために小売店などの流通チャネルを確保しなければなりません。Ｓｐｅｅｄｙ社の電動バイクであれば、販売店で顧客に販売されてはじめて売上があがるのです。この意味で**流通チャネルは顧客と接触する重要な機会**であり、マーケティングの中でも非常に大きな役割を果たすことになります。

また、流通チャネルは、市場に商品を供給するだけではなく、**市場を創出すると**

いう機能・役割も担っています。欲しい商品があって来店した顧客に販売するだけでなく、これまで知らなかった商品の価値を適切に伝え、購入予定はなかったものを購入に結び付けていくことが生産者から期待されているのです。

このような流通業者の担う役割を踏まえたうえで、生産者はプッシュ戦略とプル戦略で販売を後押しすることができます。

⇩プッシュ戦略

プッシュ戦略では、**生産者が自社の社員やプロモーション費を負担し、流通業者が顧客に販売するのをサポート**していきます。Speedy社であれば、実際に社員が販売店を訪問し、店頭でカタログやチラシを配布したり、試乗を勧めたりして新製品をアピールし、販売につなげていく活動が可能でしょう。

プッシュ戦略は、次のような場合に効果を発揮します。

- **商品の選択が店頭で行われる場合**
- **顧客が衝動買いをする商品の場合**
- **ベネフィットが伝わりにくい商品の場合**

⇩プル戦略

一方、プル戦略では、**生産者が大々的にプロモーションを展開することによって顧客の購買意欲を高め、販売店で指名買いするように仕向けていきます。**Ｓｐｅｅｄｙ社の場合は、テレビや新聞、雑誌などに広告を載せて、顧客の「電動バイクが欲しい！」という欲求を高め、「Ｓｐｅｅｄｙ社の電動バイクをください！」という顧客が販売店に殺到するような状況をつくり出すことができれば、プル戦略は成功したといえるでしょう。

プル戦略は次のような場合に有効な戦略といえます。

- **顧客のブランド・ロイヤルティや商品に対する関心度が高い場合**
- **ブランド間の知覚差異が大きい場合**
- **消費者が店舗に行く前に購入するブランドを決めている場合**

このように、生産者が流通業者と協力して販売に取り組むことにより、売上機会は大きく向上していくのです。

02 流通チャネルの4つのタイプ

自社のビジネスに最適なチャネルを選ぶことで、効率的に製品を届けられる

⇩ 0段階チャネル

販売チャネルで最も顧客との距離が短い「0段階チャネル」では、**生産者が直接顧客に製品を届けます。**生産者による訪問販売や直営店販売、通信販売、テレビ・ショッピングなどが該当します。Ｓｐｅｅｄｙ社が始めたようにインターネットショップを開設し、販売に乗り出す生産者も増えています。

⇩1段階チャネル

生産者と消費者の間に小売業者が介在するモデルは「1段階チャネル」と呼ばれています。生産者は、小売店を通して販売を行います。家電量販店など規模の大きな小売業者がメーカーと直接取引することで、メーカーには効率的に大量販売ができるというメリットがある一方、小売業者側には、無駄なコストを上乗せすることなく低価格で商品を販売できるようになるというメリットがあります。Ｓｐｅｅｄｙ社がバイク店を通して電動バイクを販売するケースも、この「1段階チャネル」にあたります。

⇩2段階チャネル

生産者から卸売業者を通して小売業者に渡り、最終的に消費者に届けられる「2段階チャネル」もあります。小規模な小売業者にとって、各生産者と交渉して商品を仕入れるには多大な労力が必要となります。一方、卸売業者を通して仕入れを行えば、卸売業者にまとめて注文するだけでよく、仕入れの効率化が図れます。

⇩3段階チャネル

最も複雑で顧客との距離が長い「3段階チャネル」では、生産者から卸売業者、仲買人、小規模小売業者へと渡り、最終的に消費者に届けられます。このチャネルは、少額な商品や近くのお店で購入される最寄品などの流通で利用されます。

なお、**仲介する業者が多くなればなるほど、コストが増え、チャネルのコントロールが難しくなります。**意図せずに安売りされて、ブランドに傷が付くこともあるでしょう。また、最終消費者のニーズなど、今後の製品開発に必要不可欠な情報が得にくくなるなどデメリットも生じてきます。

流通チャネルの4つのタイプ

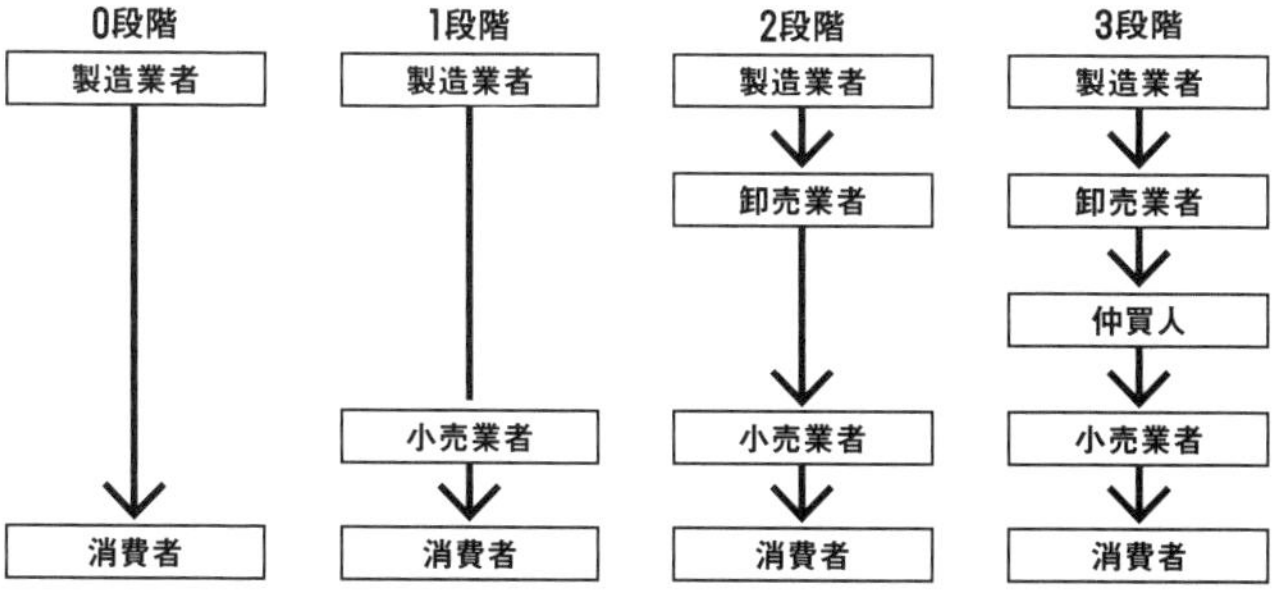

出典:『コトラー&ケラーのマーケティング・マネジメント(第12版)』

03

流通チャネルの設計

流通チャネルの設計は、顧客が望むサービス水準の分析を基に目的を決定し、主要チャネル候補を慎重に評価しなければならない

流通チャネル設計の4つのステップ

流通チャネルを設計は、次の4つのステップで行っていきます。

ステップ1　顧客が望むサービス水準の分析
ステップ2　目的の設定
ステップ3　主なチャネル候補の決定

ステップ4　主要候補の評価

⇩ステップ1　顧客が望むサービス水準の分析

流通チャネル設計の第一歩は、**顧客がどの程度の水準のサービスを流通プロセスに望むかを分析する**ことです。ここでは、顧客の求める購入量や待ち時間、配達時間、場所的な利便性、品揃え、サービスのバックアップなどを明らかにしていきます。

Ｓｐｅｅｄｙ社は販売店での締め出しに遭い、従来の販売網を失ってしまいましたが、20代の若い女性というターゲット顧客を考えれば、デパートやショッピングモールなどの方が、場所的な利便性も高く、適した販売網といえるでしょう。

⇩ステップ2　目的の設定

標的となるサービス水準を明らかにしたうえで、チャネルの目的を定めます。

通常、**異なるサービス水準を求める顧客層がある場合、それぞれの市場セグメントごとに最適なチャネルの目的を決定**します。たとえば、製品に対する知識の乏しい初心者層にはコストをかけても店頭でわかりやすく説明するという流通の目的が求められる一方で、製品に対する知識が豊富な顧客層に対してはより手軽に入手できるコストのかからない流通が求められるでしょう。

また、チャネルの目的自体が製品の特性によって変わります。たとえば、食品のように腐敗しやすい製品は、顧客の手に届く時間がより短い流通チャネルが望まれますし、保険のように顧客が理解しにくいサービスには、担当者が直接訪問して説明するなどの販売形式が望まれるでしょう。

さらに、チャネル設計時には、異なる仲介業者のメリット・デメリットを把握します。たとえば、バイクショップは店員がバイクの知識が豊富で顧客の質問に何でも答えられるというメリットがありますが、集客力に欠けるというデメリットもあります。一方、百貨店は場所自体には集客力がありますが、バイクの販売となると専門性に欠けるというデメリットがある——これらを事前に知っておかなければならないのです。

⇩ステップ3　主なチャネル候補の決定

流通チャネルには実に様々なものがあります。自社で雇う営業担当者から、代理業者、流通業者、ディーラー、ダイレクトメール、テレマーケティング、インターネット……これら様々な方法を駆使してターゲットにアプローチすることが可能です。

それぞれのチャネルには独自の強みと弱みがありますので特徴に応じて適切なもの

を使い分ける必要があります。**各チャネルがそれぞれ特徴の違う顧客層に最小コストでアプローチできるチャネル・ミックスを実現することが理想的**でしょう。これができなければ、流通チャネルの維持に無駄なコストがかかることになります。

⇩ステップ4　主要候補の評価

候補が決まれば、最終的に評価し、決定します。ここでは**経済性、コントロール力、適応性という3つの基準から評価**していきます。

経済性基準では、**「取引ごとのコスト」と「販売ごとの付加価値」**でそれぞれの候補を評価します。たとえば、インターネットは取引ごとのコストは低く、顧客にとっての付加価値も低いポジションに位置づけられるでしょうが、百貨店は取引ごとのコストは高いものの、販売ごとの付加価値も高いポジションに位置づけられます。

ここでインターネットの取引コストが1万円、販売ごとに付加される価値が1万円、一方で百貨店の取引ごとのコストが10万円で、販売ごとに付加される付加価値が15万円であれば、百貨店の方が販売によって生み出す付加価値が高いため、百貨店チャネルに力を入れるという戦略の根拠になるでしょう。

また、コントロール力基準では、**流通チャネル業者のコントロール力**を確認します。家電量販店のような大規模な企業であれば、生産者が流通をコントロールし、力を及ぼすことはできないでしょうが、直営店であれば自社でコントロール可能でしょう。

そして、最後の適応性基準では、**チャネル・メンバーの適応力**を確認します。一般的に、チャネルは、いったん構築すると、短期間で変更することは難しくなります。一方、最近の市場環境は、短期間で急変することもありますので、環境変化に適応できるメンバーを選定するという視点も重要なのです。

流通チャネルの経済性評価

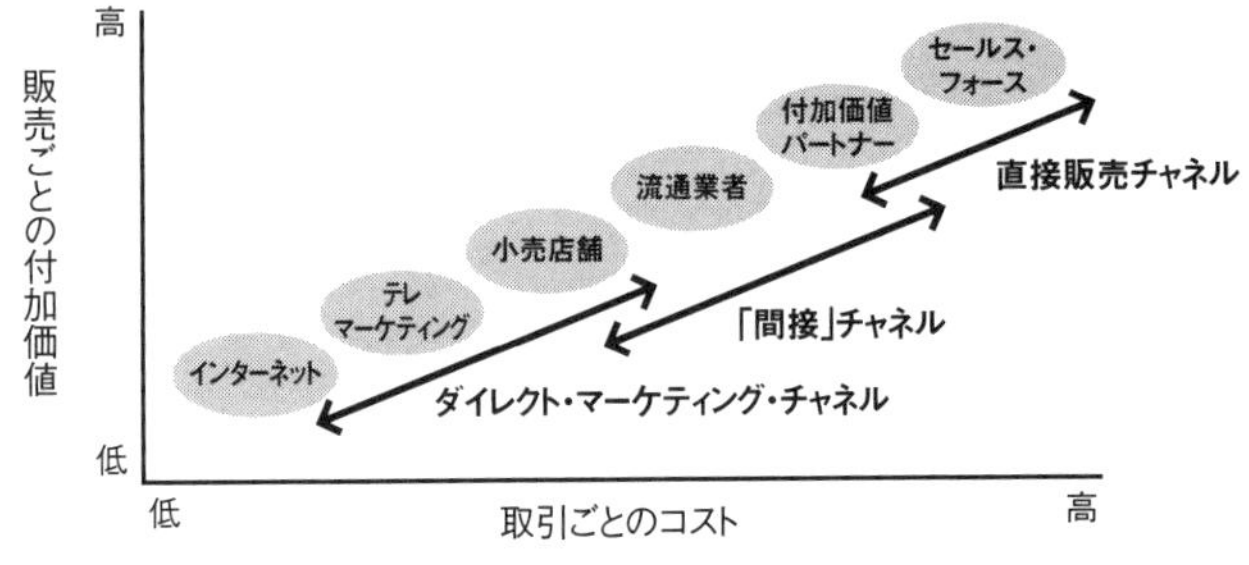

出典：『コトラー＆ケラーのマーケティング・マネジメント（第12版）』

04

流通チャネルの管理

流通チャネルを構築した後は、メンバーを教育し、動機付け・評価し、必要とあれば修正しなければならない

チャネル・メンバーの選択

チャネル・メンバーの決定は、慎重に行う必要があります。**自社のブランドを高めるのも傷つけるのもメンバー次第であり、生産者とチャネル・メンバーは一心同体**だからです。万が一、チャネル・メンバーが自己の利益の追求に走り、生産者のブランドを顧みることなく、勝手な行動に出れば、消費者は生産者の意図するブランド・イメージとはかけ離れた印象をもち、最悪の場合は嫌悪感を抱くことさえあり得ます。たとえば、外食フランチャイズ店が、本部の指示に従わずに利益のために消費期限切れの食材を提供していたとしたら、顧客は店舗に不信感を抱くだけではなく、チェーン全体に悪い印象をもつことになるのです。

⇩チャネル・メンバーの教育

企業はチャネル・メンバーに対して、適切な教育プログラムを導入し、実行していかなければなりません。自社が求めるサービスレベルを実現するためにも、妥協せずにチャネル・メンバーの水準を高めていくべきです。たとえば、ある外食フランチャイズチェーンでは、本部で教育プログラムを提供し、条件をクリアした者でなければ出店を認められないという厳しい制度を設けています。さらに定期的な研修を行うなどの工夫により、チャネル・メンバーを教育し続けているのです。

⇩チャネル・メンバーの動機付け

チャネル・メンバーへの動機付けにより、さらなる協力を引き出すことができます。企業がチャネル・メンバーに対して駆使できるパワーには次のようなものがあります。企業が駆使するパワーはひとつではなく、複数を組み合わせるとさらに効果は

5つのパワーによる動機付け

強制パワー	チャネル・メンバーが協力的でない時、製品の引き上げや契約終了を伝えること。ondaが販売店にSpeedy社の電動バイクを販売するなら、自社の製品を引き上げると通達したのもこれに該当する。
報酬パワー	一定の販売目標をクリアした場合などに金銭的な報酬を与えモチベーションを高めること。強制パワーがチャネル・メンバーと確執を引き起こす可能性が高まるのに対し、報酬パワーは良好な関係を築くことにつながる。
正当性パワー	チャネル・メンバーと結んだ契約を楯に約束した行動を求める。ただし、強者が弱者に圧倒的に不利な条件を迫ると、チャネル・メンバー間の関係が悪化することにつながるので注意。
専門性パワー	チャネル・メンバーが尊重する専門的な知識を生産者が保有している場合に活用できる。ただし、生産者以外が同じような知識を身につけるとパワーが弱まるため、専門性を磨いていく必要がある。
関係性パワー	企業が非常に尊敬できる存在であり、チャネル・メンバーが企業とのつながりを誇りに感じる場合に活用できる。販売店がSpeedy社を見限り、ondaに従った背景には、この関係性のパワーが働いている可能性が高い。

高まるでしょう。

⇩チャネル・メンバーの評価と修正

企業は、定期的にチャネル・メンバーを評価し、必要であれば修正を施していかなければなりません。

評価基準としては売上目標の達成や平均在庫レベル、顧客への配送タイム、製品の破損率などを設定することができます。評価において基準に満たないメンバーがいれば、指導や動機付けを行ったり、最悪の場合は契約解除を検討したりしなければならないでしょう。

また、ビジネス環境が変われば、求められる流通チャネルも変化しますので、数値によって評価しながら、効果の低下が確認できたら、一部もしくは全部を修正していくという決断が求められることもあるでしょう。

Part 5

「プロモーション」で顧客を買う気にさせる

Story 5
「欲しい」と言わせたい!
私たちは
デパート、大型スーパー
ネットショップなど
今までにない販路を開拓し
エコバイク
電動バイク
Speedyの
電動バイクを
再び市場に出すことが
できました
Speedy
きせかえ
電動バイク
えらべるデザイン

新しい販路には
ondaも手を回すことができず
電動バイクだって
へ〜エコだね
わ〜♪
きせかえられるんだ〜
Speedyの
電動バイクの売上は
順調に回復していきました
なになに〜
かわいいね〜
やった…！
わあっ

レイナちゃん
今夜空いてる？
みんなで
ご飯食べに行こうって
話しているんだけど…
一緒にどう？
行く行く！
居酒屋
酒処
おしながき
何に
しようかな～
そのオススメ
すっごく
美味しいですよ！
かんぱ～い！
絶対食べた方がいい
ですよ～！食べないと後悔
するかも！このお店に来
た人みんな頼んでま
すよ！
う、
う～ん…

サッ
この串焼きのセットと刺身の盛り合わせと…
おしな
はーい少々お待ちくださいませ
店員さんすごく推してきたね
ああやってこられると逆に頼みたくなくなるわ…
わかる！かえって引いちゃうよね
でも、本当に美味しいみたいねほら
すごい美味しい
テレビで紹介されまし
うそっ！本当だ！
ハーーイ！
すみません！さっきのオススメやっぱりください！
ハハ…

わい
わい
レイナちゃん本当にがんばってるよね！
最初はどうなることかと…
フフン
社長に見る目があったってことです！
レイナちゃんもう少し謙遜というか謙虚というか…
…なによ
こう見えてもけっこう苦労してるの！
マーケティングのことだってすっごく勉強したんだから！
すごーい！さすが！
だから次々といい案が浮かんでたんだ！
リーダー次の手はなんですか？
もう考えてあるわよ…
ふっふっふ
おーっ

私たちは
もっとうちの製品を
好きにならなきゃ
いけないと思うの
だから…
自社の
電動バイクを
買うことにしたわ！
Speedy
電動バイク
カタログ
えっ
……
持って
なかったの？
えっ？
みんな
持ってるの？
Speedy
電動バイク
カタログ
まぁ…
一応…
ええーっ!?
私だけ
持ってなかったの？
…冷めないうちに
食べましょうか
屋

と、いうわけで
さっそくSpeedyの電動バイクを購入しました！
実際に乗ってみるとすごく快適！
すっかりSpeedyのバイクのファンになってしまいました
数日後――
稲田
早乙女
外出
小林
カタン
太田
レイナちゃん今日はどこへ？
金座デパートです

今日からセールなので販売のお手伝いです
いってきます！
大感謝セール開催中！
大感謝セール開催中！
わいわいわい
電動バイクだって〜
へ〜いいね〜
いらっしゃいませ電動バイクにご興味ありますか？
ええまあ…

すっごく
オススメです！
絶対買った方が
いいですよ！
乗らないと
後悔するかも！
Speedyの
電動バイクを
買った人はみんな
電動バイクを好きに
なりますよ！
あ…また
あとで
来ます…
ヒソ
ヒソ
なにあれー
すごく押し付け
がましいん
ですけどー
そうそう
引いちゃうって
いうかー
逆に買いたく
なくなるよねー
でさぁ
今度の…
なんで
そうなるの!?
トン
トン
トン
トン
トン

その…
レイナちゃん何かあった?
む〜〜〜〜っ
どうしても納得いかないことがあったのよ
トン
トン
……なるほどね…
それはレイナちゃんが悪いと思うよ
それってさ…
…と感じられたり
……だから……
……で……だと……
ただオススメしただけじゃない!
良いと思って言っただけなのにどうして私が悪いってことになるのよ!
源さんなら私が言いたいことわかってくれると思ったのに…

もう
コトラー先生
聞いてください！
なんか
誤解された
みたいで
悔しいです！
それは
悲しかったのう
でもな
オードリー
それも
仕方のないこと
なんじゃよ
商品の価値を伝えるには
いかに第三者に心の底から
「いい」と言ってもらうかが
カギになるんじゃ
自分でいくら
「いい」と言っても
胡散くさいだけじゃ
それ
オススメ!!
あっ…

私…あの店員さんと
同じことを…
源さん
なんだい？
その…
昨日は…
えっと…
う…うちの
電動バイクの
良さをわかって
もらうために
第三者に協力して
もらいたいん
ですけどっ！
なにか…
いいアイデア
ありませんか…？
そうだね
にっ
たとえば
雑誌に取り上げて
もらうとかどう？
ほー
知り合いの
編集者に
おねがいして…

なに
なにー？
レイナちゃんが
アイデアを
ほしがってて…
えっ!!
芸能人に
うちのバイクを
使ってもらって
……
バイク女子って
いいフレーズ
じゃない？
そういう宣伝
だったら…
——こうして
Speedyの電動バイクの
良さを伝えるために
雑誌で特集を組んでもらったり
芸能人を起用した
プロモーションを展開しました
特集
エコカワイイ
リーズナブル
アイテム!!
新定番5着！
大人化計画
電動バイク
今、大注目！
バイク女子急増中
バイク女子
はじめました
リセポンブログ★
電動バイク
Speedyの電動バイク!!
超かわいい ♡♡♡

このプロモーションは
大成功でした
ねー
これ
よくない？
本日発売
電動バイクかなー
特に紹介された
着せ替えパーツが
一時品薄になるほど
反響は予想以上でした
♫
cencemのモデルと同じデザインにしちゃった♡
かわいい～♡
電動バイクコーナー
大人気!! 花柄
11/13 再入荷予定!!
あと少しで再入荷します！
楽しみ～♪

01

プロモーション戦略の重要性

顧客とのコミュニケーションを通して自社製品の適切な価値を伝えよう

プロモーションとは?

いかに価値のある製品を生み出しても、それが適切に消費者に伝わらなければ、製品が購入されることはないでしょう。その意味でも**消費者に価値を適切に伝えるプロモーション戦略は、マーケティング活動の中でも重要な役割を果たします。**

プロモーションの手段には、次の6つがあり、これらをミックスして消費者にアプローチし、効率的かつ効果的に自社製品の価値を伝えていくことができます。

プロモーションの手段

広告	印刷広告、放送広告、パッケージ・デザイン、パッケージ内の広告、映画、パンフレット、チラシ、ポスター、ビラ、名簿、名鑑、広告の転載、ビルボード広告、ディスプレイ広告、店舗ディスプレイ、シンボル、ロゴ
販売促進	コンテスト、ゲーム、賞金、くじ、プレミアム、景品、サンプリング、見本市、トレード・ショー、製品発表会、クーポン、リベート、低利の融資、接待、抱き合わせ販売
イベント経験	スポーツ、エンターテイメント、フェスティバル、アート、工場見学、企業ミュージアム、街頭活動
PR	プレスキット、講演、セミナー、年次報告書、慈善的寄付、刊行物、ロビー活動、機関誌
ダイレクト・マーケティング	カタログ、郵便、テレマーケティング、ネット通販、テレビ・ショッピング、FAX、電子メール
人的販売	実演販売、販売会、サンプル、見本市、トレード・ショー

出典：『コトラー&ケラーのマーケティングマネジメント　第12版』より著者作成

02

プロモーション戦略（1）広告

費用対効果の最も高いメディアを特定して自社製品を宣伝する

広告とは？

広告とは、最も一般的に活用されるプロモーション戦略で、テレビや新聞、雑誌などのメディアに広告代金を支払って自社や自社製品を宣伝してもらう方法です。

この広告を展開する際には、**ターゲット顧客の動機を見極めたうえで「5つのM」と呼ばれるプロセスを決定**していきます。

以下で詳細を見ていきましょう。

広告の「5つのM」

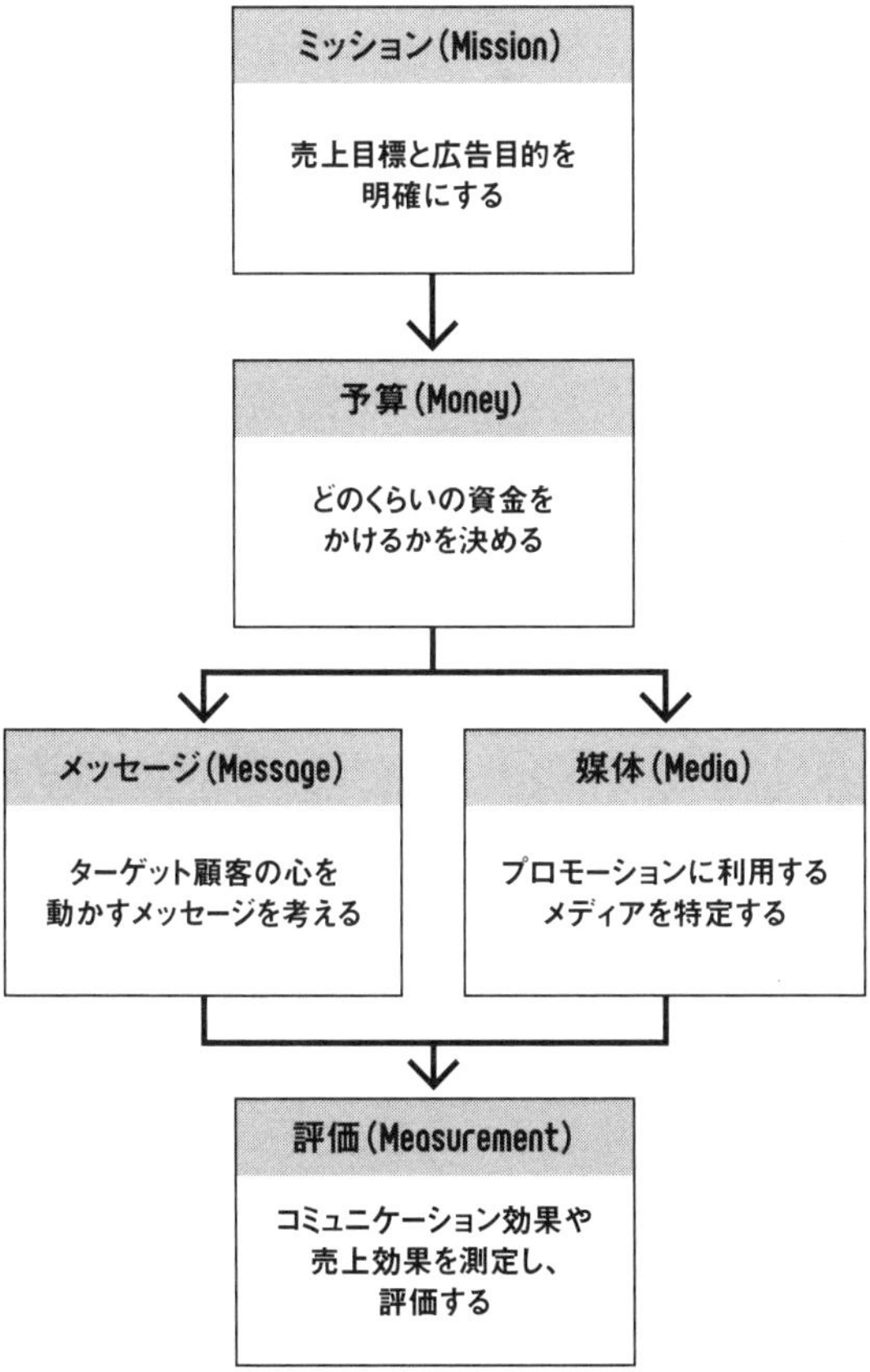
ミッション（Mission）
売上目標と広告目的を明確にする
予算（Money）
どのくらいの資金をかけるかを決める
メッセージ（Message）
ターゲット顧客の心を動かすメッセージを考える
媒体（Media）
プロモーションに利用するメディアを特定する
評価（Measurement）
コミュニケーション効果や売上効果を測定し、評価する

出典：『コトラー&ケラーのマーケティングマネジメント　第12版』を参考に著者作成

⇩（1）ミッション（Mission）を明確にする

まずは、売上目標や広告を実施する目的を明らかにします。製品の認知度を高めたい場合は**「情報提供型広告」**、製品を販売したい場合は**「説得型広告」**、リピートを促したい場合は**「リマインダー広告」**、購買者に「自分は正しい選択をした」と確信をもたせたい場合は**「強化型広告」**など、広告は様々な目的で利用可能です。

目的を明確にすることで、どのようなタイプの広告を展開すべきかを決定できるようになるのです。

⇩（2）予算（Money）を決定する

どのような広告を展開するかが決まれば、次はどのくらいの予算をかけるかを決定します。もちろん、お金をかければかけるほど、消費者に対する認知度が高まり、売上アップにつながりますが、費用対効果が低ければ、赤字に陥る可能性もあります。

予算の規模は企業が置かれている環境に応じて変わってきますが、大きなものとして次の5つに影響を受けることになります。

予算に影響をあたえる5つの要素

製品ライフサイクル	製品を市場に投入した直後は認知度を高めるために多額の予算が必要だが、徐々に予算を減らしても売上への影響が少なくなる。
市場シェアと消費者基盤	市場シェアが高く消費者基盤が強固な企業は、少額の予算でもシェアをキープできる一方、市場シェアを高めたい消費者基盤のない企業は多額の予算が必要になる。
競争の状態	競合企業が多く競争が激しい業界では、広告に多額の予算を投じる必要があるが、競合企業が少なく競争が緩やかな場合は、広告に力を入れなくても問題はない。
広告の頻度	以下のような場合は、多額の予算を計上し、頻度を高める必要がある。 ①より多くの売上をあげたい ②より多くの人に自社製品を知ってもらいたい ③ブランドイメージを高めたい
製品の代替性	製品の差別化が難しく、他社製品からも同じようなベネフィットを得られる場合は、広告に多額の予算を投入し、プロモーションで差別化を図っていく必要がある。

⇩（3）メッセージ（Message）を作成する

広告において、メッセージの作成は重要なカギを握ります。ターゲットの特徴をしっかりと調査して、**心を動かすメッセージ**の作成が望まれます。

一般的に、メッセージの発信者は企業自身であることが多いのですが、芸能人や学者など著名な第三者を起用することで、メッセージの信頼性を高めるという方法も活用されています。たとえば、ストーリーの中では、レイナが自社製品を勧めた際には顧客は引き気味でしたが、第三者の芸能人が勧めることによって、顧客の興味が高まり、売上につなげることができました。

⇩（4）媒体（Media）を決める

メッセージが決まれば、**広告をどの媒体に何回展開していくか**を決めなければなりません。

メディアにはテレビや雑誌、新聞、インターネットなど様々なものがありますが、重要なのは**どのメディアを利用すれば、最もターゲットに効果的にアプローチできるか**です。いくら広告代金が安くても、ターゲットが利用しないメディアでは、効果は見込めません。ターゲット顧客の行動を分析して、事前に決めたメッセージを**「いつ、どんなメディアに、何回広告を出せば、最も効果的なのか？」**を明らかにしたうえで、メディアを決定しなければならないのです。

⇩(5)広告効果を評価する(Measurement)

広告を実施した後は、広告が事前の予想通りに効果があったのかを評価しなければなりません。評価のポイントはふたつあります。

ひとつは**自社のメッセージが消費者に適切に伝わっているかどうか**を確認することです。このコミュニケーション効果の評価では、顧客にアンケートをとるなどの方法がとられます。

もうひとつは**売上効果の測定**です。この売上効果の測定では、正確な計測が困難な場合もありますが、広告によってどのくらい売上があがったのかを可能な限り具体的な数値で検証していきます。

03

プロモーション戦略(2)
販売促進

消費者や流通業者に特典を提供して販売を促進する

販売促進とは？

販売促進とは、消費者や流通業者に対して特定の製品やサービスの購入頻度を高めてもらったり、購入量を増加させたりするプロモーションです。

主に短期的なインセンティブを消費者もしくは流通業者に提供していきます。

消費者向け販売促進

消費者向け販売促進においては、**市場のタイプや販売促進の目的、競合状況、各販売促進ツールの費用対効果を検討**し、適切な販売促進ツールを選んでいきます。

消費者向けの販売促進ツールには次のようなものがあります。

主な消費者向け販売促進ツール

サンプル	無料で製品やサービスを提供し、顧客に価値を試してもらう。
クーポン	特定の製品やサービスに対する割引証を提供する。
現金払い戻し（リベート）	特定の製品の購入後にキャッシュバックを行う。
値引き製品パッケージ	新製品の販売時など、製品の通常価格から値引きした特別パッケージを提供する。
プレミアム	通常の製品におまけ（景品）をつけて販売する。
フリークエンシー・プログラム	購入頻度に応じて、特典を付与する。
賞品	購入した顧客に抽選で当たる賞品を提供する。

⇩流通業者向け販売促進

流通業者向けの販売促進では、**下流の流通業者に対して自社製品の販売に力を入れてもらう**ために次のような販売促進策を実施していきます。

主な流通業者向け販売促進ツール

値引き	特に販売を促進したい製品について、特別の値引きを提供する。
アロウワンス	小売業者が自社製品の販売に力を入れることに対して見返りを提供する。 小売業者が自社製品を特別に広告したことに対する金銭的な見返りは「広告アロウワンス」と呼ばれ、また、特別な陳列に対する金銭的な見返りは「ディスプレイ・アロウワンス」と呼ばれる。
無料商品	一定量以上を仕入れてくれる業者に対して無料商品を提供する。

04 プロモーション戦略(3) イベントと経験

大きなイベントを開催すれば自社製品の認知度が高まる

イベント・経験の目的

今や多くの企業が、イベントを通して、自社製品のプロモーションを展開しています。イベントには自社で主催するものもあれば、他社が主催するイベントにスポンサーとして自社製品や資金を提供するものもあります。

イベントの目的には次のようなものが挙げられます。

・**社名や製品名の認知度を高める**
・**企業のブランドイメージを向上させる**
・**経験を通して、自社製品の価値を適切に認識してもらう**
・**コミュニティや社会問題への貢献をアピールする**
・**重要なお客様や従業員に報いる**

また、スポンサーとなったイベントをプロモーションとして成功に導くためには、次の3つの要素を慎重に検討する必要があるでしょう。

⇩（1）適切なイベント機会を選択する

イベントには様々なものがあります。

そのため、**自社の企業イメージに相応しいイベントや想定するターゲットが集まるイベントを選んで、自社製品や資金を提供する**ようにします。たとえば、電動バイクのSpeedy社であれば、非営利団体が主催する環境保護のイベントなどに協力するのもいいでしょう。

⇩（2）スポンサーシップ・プログラムを設計する

イベントによるプロモーションは、スポンサーとして自社製品や資金を提供するだけでは、効果が得られずに終わってしまうことも十分に考えられます。

そこで、プロモーション効果を高めるために、**別途マーケティング・プログラムを検討していく**必要があります。たとえば、会場に横断幕や看板を用意して、より社名や製品名をアピールすることもできます。また、サンプルや賞品などを提供して、参加者に購入を促す方法も効果を高めるために有効でしょう。

⇩（3）スポンサーシップ活動の効果を測定する

最終的にスポンサーとなったイベントのプロモーション効果を測定しなければなりません。「どのくらい、製品の認知度や企業イメージの向上につながったか？」「売上がどの程度あがったか？」などの調査を実施して、できるだけ具体的な数値を把握していきます。

05

プロモーション戦略(4)
パブリック・リレーションズ(PR活動)

メディアにニュースとして取り上げてもらえば効果は計り知れない

重要性が高まるパブリック・リレーションズ

パブリック・リレーションズとは、テレビや雑誌、新聞などのメディアに自社製品やサービスを取り上げてもらい、認知度や信頼性を高めていく活動です。広告との違いは、メディアに対する費用は発生しない点です。

最近では、プロモーションの中でも、特にパブリック・リレーションズの重要性が高まってきています。情報化が益々進む現代では、顧客は日ごろから多くの情報に触れています。その結果、顧客は巷に溢れる広告には反応しなくなってきているからです。

パブリック・リレーションズでは、マスメディアに対する費用負担は発生しませんが、それゆえ**取り上げられるかどうかは自社の活動や製品のニュース性にかかっている**といえるでしょう。これまでになかった取り組みや製品、サービスであれば、多くのメディアに取り上げられる可能性が高まるでしょう。

たとえば、ストーリーの中での電動バイクも、「環境にやさしい製品が望まれる」というトレンドに沿ったものであり、さらに「着せ替えバイク」「バイク女子」など、これまでになかったニュース性をもたせることによって、メディアに取り上げられ、紹介されるチャンスが高まるのです。

このような**パブリック・リレーションズは、広告よりもはるかに少ないコストで、絶大な効果を発揮**します。今やテレビ番組や雑誌の特集に取り上げられれば、売上が瞬間的に高まるなど、その効果は計り知れません。専門家によれば、パブリック・リレーションズは、広告の5倍以上の効果が期待できるという調査結果も報告されています。

06

プロモーション戦略（5）ダイレクト・マーケティング

顧客に直接アプローチをして購入を促す

⇩ダイレクト・マーケティングとは？

ダイレクト・マーケティングとは、**企業が仲介業者を使わずに、直接顧客に販売する**方法です。企業は自社でターゲット顧客のリストを入手し、ダイレクト・マーケティングに活用することができます。主な手法を見ていきましょう。

⇩ダイレクトメール

保有する顧客リストからターゲットを絞り込み、反応が見込める顧客にダイレクトメールを送付します。割引や特典など、顧客に対して特別のオファーを提供すると成約率は高まります。また、一度にすべての対象顧客に送付するのではなく、オファーやメッセージ、価格などを変更しながら小規模で実験を行い、最終的に最も効果の高い組み合わせによって大規模なプロモーションを展開する方法もとられます。

⇩カタログ・マーケティング

カタログ・マーケティングでは、企業の商品カタログを顧客に送付して販売を促進します。たとえば、カタログ通販大手のニッセンは、会員に対して定期的にカタログを送付したり、顧客が立ち寄る場所（例：スーパーや書店など）でカタログを無料配布することによって、小売店を通すことなく直接販売を行っています。

⇩テレマーケティング

テレマーケティングとは、電話やコールセンターを活用して、顧客の新規開拓や既存顧客への販売、または問い合わせなどの対応を行うことです。テレマーケティングは、売上アップのみならず、コストの削減や顧客満足度の向上にもつながります。

⇩テレビ・ショッピング

テレビを活用して、自社製品を販売する企業も多く存在します。テレビ・ショッピングでは、実際に製品を使用しているイメージや製品の価値を適切に伝えられるというメリットもあります。

⇩インタラクティブ・マーケティング

最近ではインターネットを利用して、「個別化」と「インタラクション」を重視したマーケティングを展開する企業が増えています。

たとえば、ヤマダ電機が運営するヤマダウェブコムでは、買いたい商品を事前に登録しておくと、その商品が値下げされた際にメールで通知してくれる「値下げ通知サービス」が利用できます。また、競合他社の取り扱う商品がヤマダウェブコムよりも安かった場合、チャットを通して担当者とその場で値下げ交渉ができる「価格交渉チャット」を提供しています。これらはネットショップにおけるインタラクティブ・マーケティングの一例といえるでしょう。

07

プロモーション戦略（6）
人的販売

人の力を使って強力に販売を促進していく

人的販売の費用対効果を高めるには？

人的販売とは、企業が営業担当者を雇い、顧客に直接販売するプロモーション戦略です。**人的販売は最も生産性の高い活動ですが、一方で最もコストのかかる手法**でもあります。費用対効果を慎重にチェックしながら、セールス・フォース（営業担当者）を管理していく必要があります。このセールス・フォースは次の5つのプロセスを適切に実行することにより、最大限の効果を発揮することができるようになります。

セールス・フォースを強化する5つのプロセス

営業担当者の募集と選抜	面接を実施して、営業に対する適性を見抜き、理想の人材を採用する。
トレーニング・研修	製品知識の習得から顧客への対応など、営業のプロフェッショナルとして必要不可欠な知識やスキルが身につくプログラムを提供する。
監督	営業担当者を管理する。 ※一般的な傾向として、報酬が固定給の場合は厳しく監督し、完全歩合制の場合はほとんど監督しないケースが多い。
動機付け	上司からの励ましや特別なインセンティブなど、営業担当者が成果をあげるための動機付けを行う。
評価	最終的な販売報告に基づき、営業担当者を正当に評価し、適切な報酬を与える。 正当な評価が営業担当者のモチベーションを高め、さらなる成果へとつながっていく。

Part 6

「顧客との関係」を強くする

Story 6
お客様とずっと…
にっこ
にっこ
雑誌の特集とCMがすごく反響があって商品の売れ行きが絶好調なんです！
これならもう心配はないかなって思ってて…
それはよかった
何事も一時的な関係で終わってはお互いに空しさが残るだけだ
……
コ、コトラー先生…？

会社と顧客はな長い間良好な関係を保ってはじめて
お互いに最大限の利益を感じられるはずだ
キッ
ーえっ
ーえっ
そのためには自分のことだけを考えるのではなく
常に相手の立場になり相手が喜ぶことをし続けるんだ
相手の喜ぶこと……?
そうだ
そうすればビジネスをするうえで
いや
生きていくうえで最も重要な「信頼」を強くしていくことができる
信頼…

昨日の
コトラー先生
いつもと違った…
パラ…
お客様との関係
長期的
自分のことばかり
ではなく
相手の立場で
相手が喜ぶことを
しつづける
⇒
信頼が
生まれ
どうして
あんなことを
言ったんだろう…？
ねえ、みんな
今回のプロモーションは
うまくいったけど
お客様との関係を
これ限りにしたくないの
これからもずっと
Speedyのお客様で
いてくれるためには
どんなことをしたら
いいかな？

あっ
イベントとかどうかな？
イベント？
せっかく電動バイクに乗っているんだから
みんなでツーリングに行くとかどうかな？
ツーリング！いいね!!
目的地は箱根とか奥多摩が近くていいな
着いた先でバーベキューしたいなー！
バーベキュー！恋の予感！
なんでよー でも、そこで出会いが生まれるっていうのもいい感じだわ

それじゃ最初のイベントは今年の秋！
バイク女子　イベント
・ツーリング　行き先→箱根、奥多摩
・バーベキュー
・日程○月頃
・募集人数○人くらい
行き先は奥多摩！
内容はバーベキューで決まりね
今週末、早速下見に行ってくるわ
僕も行くよ
男手も必要でしょ
ありがとう！助かるわ
じゃあまたあとで
そういえば…源さんってなんでいつもこんなに親切にしてくれるんだろう…？

週末
○×バーベキュー場
ありがと〜
そういえば最近社長がよく外出してるみたいだけど…忙しいの？
うん、ご家族の体調が悪いみたいだよ
料金表
このバーベキュー場は道具と食材を調達できるのねこれなら荷物が軽くて済むわ
本当だ
そうなんだ…

こうして
イベントの準備が整い
HPやメルマガで
募集したところ
大勢の人が
集まってくれました
バイク女子
あつまれ!!
バイク女子
あつまれ!!
社員みんなの協力で
イベントは大成功!
そして、イベント後、
予想外のことが
起こりました

楽しそー!っ
電動バイクいいね!
参加してくれたお客様がイベントの様子や感想をSNSに投稿したところその記事が瞬く間に広がり
いーなー♫
それを見た人が電動バイクに興味をもって購入につながり売上が伸びたのです
電動バイクコーナー
ワイワイワイ

レイナさん
問い合わせが
たくさん
来てます
次のバイク女子の
イベントはいつだって
本当⁉
それじゃあ
早く次のイベントを
企画しないとね
こうして
イベントで出会った
お客様同士が繋がり
それぞれが
オフ会を開くなど
「バイク女子」の輪は
広がり続けました
奥多摩
ツーリン
○×高原
ツーリング
バイク女子限定
バイク女子限定
ツーリング
秋の箱根
さらに
イベント会社や旅行会社も
電動バイクのツアーを組むなど
「バイク女子」の流行は
さらに広がっていき
多くのお客様の
応援を得て
予想を大きく上回る
売上を達成できたのです
バンザーイ
バンザーイ

コトラー先生に
お礼を言わなきゃ
今日は
来ないのかな…
それから
何日も待ちましたが――
コトラー先生、
どうしたん
だろう…？
コトラー先生は来ませんでした
そして1カ月後
コトラー先生!?

早乙女？
社長!?
ここでなにをしているんだ？
社長こそ……
コホン
私は…オードリーという若い女性を探しているんだ
オードリーは…
私です…
えっ
コトラー先生と私の間だけの呼び名…どうして社長が知っているんですか？
……
君がコトラー先生と呼んでいた男性だが…
3日前に亡くなった

コトラー先生が…亡くなった…？
しばらく前から体調を崩していてね…
病院ではいろいろと手をつくしてくれたんだが…
やはり年齢には勝てなかったようだ…
でもいったい社長はコトラー先生とどんな関係なんですか…？
彼の本名は、恩田孫七
私の祖父で、ondaの創業者だ
onda 創業者 恩田孫七
あの伝説の経営者恩田孫七!?
えっ
祖父は亡くなる直前に私を病室に呼んでこの手紙を託した
どうしても会いたい女性がいるこの手紙を渡してくれないか
女!?
祖父が私に頼み事をするのはこれがはじめてだった

親愛なるオードリー
親愛なるオードリーへ
今もまだ いつもの場所で 待っていて くれているのだろうか
この手紙が 君への最後のアドバイスに なってしまうことを 許してほしい
マーケティングの本質とは 相手のことをよく知り 相手の望むことを 望むタイミングで やってあげることだ
自分の望みを 優先させるのではなく
常に相手が 自分に何を期待しているかを理解し 期待にこたえ続けるんだ
そうすれば どんなことでも うまくいく
これは ビジネスだけではなく 万事に応用できる考え方だ

これからの君の成長を見届けられないのは残念だが、君はもう大丈夫
立派に独り立ちできるだろう
コトラー先生
君の笑顔を見るのが何よりの楽しみだった
君のおかげで人生の最後に青春を取り戻せた
ありがとう
コトラー先生!
コトラー先生!
わあああ
じいさんに、いや、コトラー先生に教わったことを忘れちゃいけない
君は本物のマーケティングを教わってきたんだから

01

顧客との長期的な関係を築く

企業が長期的に成功を収めたければ、顧客との長期的な関係を築いていくことが欠かせない

長期的な成長を実現するために

ビジネスは、短期間で高い利益をあげる勝負ではありません。**長期的に安定的な収益をあげ、成長し続ける**ことが望まれています。**売上は顧客からしか得られない**という点を踏まえれば、顧客を満足させ続け、長期にわたり良好な関係を築くことが重要です。企業は、顧客が望むものを把握し、期待を超え続けなければならないのです。

一般的に次のような活動により、顧客との関係を深めることができるでしょう。

⇩長期的な関係を築きたい見込み客と顧客を特定する

ビジネスでは、すべての人を対象にすることはできません。つまり、**自社製品の価値を認める見込み客や顧客を特定**し、アプローチしていくのです。

⇩自社にとって価値の高い顧客を見極める

顧客が自社にもたらす価値を計算し、**最も価値の高い顧客（Most Valuable Customer：MVC）を特定**し、MVCに対する対応を手厚くします。記念日のプレゼントや企業主催のイベントへの特別招待などにより、さらに関係を強化します。

⇩個別対応を行う

顧客一人ひとりのニーズを把握するため、顧客との交流を深めます。これによって、さらに関係を深められるでしょう。時として、顧客一人ひとりにカスタマイズした製品やサービスを検討するなど、パーソナライズした方法も効果的です。

⇩カスタマー・リレーションシップの寿命を延ばす

顧客と強力なリレーションシップを築くことができれば、顧客はより多く、そしてより長く取引を継続します。Ｓｐｅｅｄｙ社のように、顧客同士の交流の場、コミュニティを築き、関係を深めることも効果的です。また、顧客をパートナーとして扱い、新製品のアイデアやサービス改善について助言を求める企業もあります。

⇩顧客の「ウォレットシェア」を高める

関連製品やよりグレードの高い製品を勧めることで売上はアップし、顧客の予算に占める自社製品の割合、すなわちウォレットシェアを高めることにつながります。

⇩収益性の低い顧客の収益性を高める

収益性の低い顧客の収益性を高めていく努力も必要です。より多く買ってもらったり、高額な商品を勧めたりすることで収益性は高まるでしょう。ただ、もし顧客が提案を受け入れず、収益性が低いままであれば、コストのかかるサービスをカットしたり、最悪の場合は取引解消を決断せざるを得ないでしょう。

02

顧客を獲得、維持、育成する

顧客を、単なる購入客から共に同じ道を歩んでいくパートナーにまで高めることが求められる

「顧客獲得」の次の段階へ

顧客の獲得は、益々難しくなっています。顧客は、多額の費用を投入したプロモーションには見向きもせず、空振りに終わってしまうことも珍しくはありません。企業は**ピンポイントでターゲットを特定し、新規顧客を獲得**していく必要があります。

ただ、今や顧客を獲得するだけでは十分ではありません。経済が成長している時代には、次々に顧客を獲得することで、企業も成長を実現できましたが、最近では多くの市場が成熟し、新たな顧客の獲得が難しくなっているのです。つまり、**企業にとっての生命線は、苦労して獲得した顧客を維持し、さらに一人ひとりとより多くの取引ができるよう育成していくこと**なのです。企業は、顧客を獲得し、維持し、育成するプロセスを一つひとつ実現していかなければなりません。

この顧客開発は、8段階の特徴の異なる顧客を育成するプロセスから成ります。

⇩8段階の顧客を育成する

まずは、自社製品やサービスを購入する**「可能性のあるすべての顧客」**を特定していきます。

そして、その中からより確度の高い**「見込み客」**を選び出します。そこから、様々なアプローチを通して購入に結び付け、**「初めての顧客」**を獲得し、彼らとのコンタクトを深めて何度かくり返し購入する**「リピート客」**にまで高めていきます。

そして、さらに企業が知り尽くしたきわめて特別な扱いを行う**「クライアント」**に移行することを目指します。

次の課題となるのは「クライアント」を**「メンバー」**に取り込んでいくことです。「メンバー」とは、企業の提供するメンバーシップ・プログラムに喜んで参加する顧客であり、この「メンバー」には様々な特典を付与することになります。

メンバーシップ・プログラムが機能すれば、顧客はやがて企業の**「信奉者」**となり、周りに企業やその製品・サービスを口コミで勧めてくれるようになるでしょう。企業にとっては心強い応援団です。

そして、最終的には顧客を**「パートナー」**にまで高め、共に歩んでいく関係を目指していくのです。

［顧客の開発プロセス］

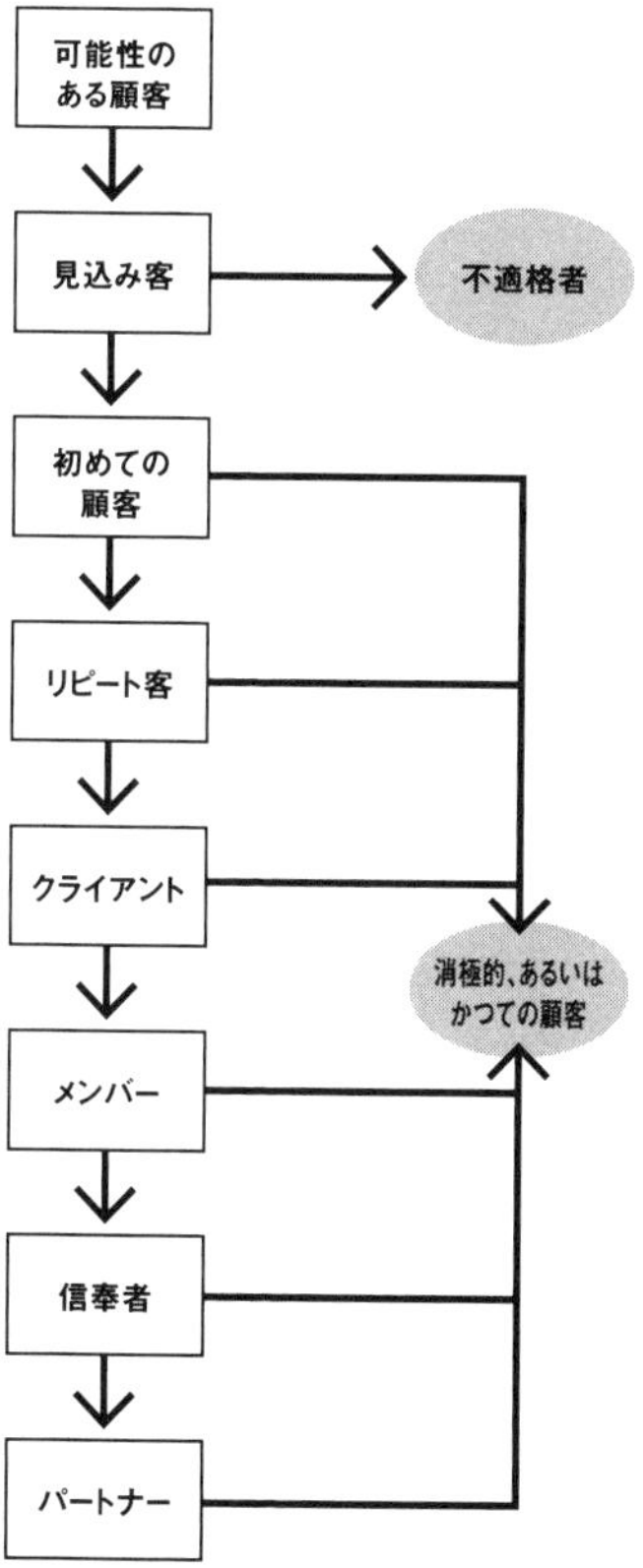

出典：『コトラー&ケラーのマーケティング・マネジメント　第12版』

03

ロイヤルティを獲得する

顧客との関係性を高めるコストを考慮しながら、利益が最大となるよう、適切なレベルのマーケティングを選択する

⇩カスタマー・リレーションシップを築くマーケティング

企業は個々の顧客に対して、個別のニーズに対応し、ロイヤルティ（顧客の企業や製品に対する忠誠）の程度を高めていくことが理想的です。しかし、顧客への対応はすべてコストに直結し、時として収益を圧迫し、赤字へとつながる可能性も含んでいます。

そこで、自社の置かれた環境に応じて、どの程度顧客との関係性を深めていくかを決める必要があるのです。

カスタマー・リレーションシップ構築には、次の5つのレベルのマーケティングがあります。

カスタマー・リレーションシップ・マーケティングの5つのレベル

レベル	内容
レベル1 基本型マーケティング	企業は製品を販売するだけ。
レベル2 受身型マーケティング	企業は製品を販売し、顧客から疑問や意見、苦情などがあれば対応する。
レベル3 責任型マーケティング	企業の営業担当者が販売後しばらくしてから顧客とコンタクトをとり、製品が期待通りだったかを確認します。その際にあわせて今後改良すべき点や不満に感じた点を顧客に聞いていきます。
レベル4 積極型マーケティング	営業担当者が顧客に対して改良された製品の使い方や新製品を頻繁に提案。
レベル5 パートナーシップ・マーケティング	最も価値の高い顧客層との取引をより深めていくために継続的に協力。

⇩カスタマー・リレーションシップ・マーケティングの実務

まず、市場に顧客が多く単品あたりの利益マージンが少ない場合は、企業は一人ひとりの顧客にコストをかけることが難しいため基本型マーケティングレベルで対応せざるを得ないでしょう。一方で、市場に顧客が少なく利益マージンが大きい場合は、パートナーシップ・マーケティングのレベルにまで高めて、より顧客との関係を強化し、取引額や取引頻度を高めていく必要があります。

一般的に顧客の数とマージンの程度から、表のようなレベルが導き出されます。

カスタマー・リレーションシップ・マーケティングの概要

顧客＼マージン	高い	中程度	低い
多い	責任型	受身型	基本型または受身型
中程度	積極型	責任型	受身型
少ない	パートナーシップ	積極型	責任型

出典：『コトラー&ケラーのマーケティング・マネジメント　第12版』

04 顧客の離反を防ぐ

費用対効果の観点からも、新規顧客の獲得よりも既存顧客の離反を防ぐことに注力する

企業は毎年10％の顧客を失っている

新規顧客の獲得が難しい中、既存顧客の離反をいかに防ぐかは企業が取り組むべき優先順位の高い課題です。平均的な企業は、**毎年10％の顧客を失っている**という統計もあります。業種によって違いはありますが、もし、この数字を5％にまで低下させることができれば、利益は25％から85％程度増加することがわかっています。

以下では、顧客の離反を減らすために取り組むべき、5つのステップを見ていきま

しょう。

⇩ステップ1　顧客維持率の定義を明確にし、数値で測定する

たとえば、３カ月に１回は取引のある顧客など、企業ごとに独自の顧客維持の基準を定めて維持率を計算していきます。

⇩ステップ2　離反の原因を特定し、改善できるものを判別する

離反した顧客に取引をやめた理由を確認し、自社のマーケティングを改善すべきかどうかの判断材料とします。

⇩ステップ3　顧客が流出した場合の逸失利益の程度を見積もる

たとえば、顧客一人あたりの企業にもたらす利益が１００万円の場合、１００人の顧客を失えば１億円の逸失利益が発生することにつながります。

⇩ステップ4　離反率を下げるためのコストを計算する

顧客の流出を食い止めるためにはコストがかかります。このコストと逸失利益を比較して逸失利益の方が大きい場合は、コストをかけて顧客流出対策を実行した方が利益は高くなります。

たとえば、逸失利益が1億円で流出対策に5000万円のコストが必要であれば、5000万円を負担しても差し引き5000万円の利益向上につながることがわかるでしょう。

ステップ5　顧客の声を聞く

顧客の声に真摯に耳を傾け、常に顧客のことを気にかけ、期待を上回る企業活動を続ければ、顧客の離反率を低下させることにつながるでしょう。

05

顧客との強力な絆を築く

様々なベネフィットを付与して顧客との絆を強化することが企業の長期的な成長につながる

顧客との絆を築く3つのアプローチ

顧客との絆が深まれば、より長期的で濃い関係が育まれ、ビジネスに好影響を与えます。顧客と強力な絆を築いていくためには次の3つのアプローチが効果的です。

(1)金銭的ベネフィットの付与

顧客に金銭的なメリットを提供することにより、関係を強化することができます。

具体的な方法としては、「フリークエンシー・プログラム」と「クラブ・マーケティング・プログラム」のふたつがあります。

まず、**フリークエンシー・プログラムとは、購入頻度や累計購入金額に応じて特典を付与していくしくみ**です。たとえば、航空会社はマイル制度を導入し、飛行機の利用や自社発行のクレジットカードの使用金額に応じてマイルを提供し、一定のマイルが貯まれば航空券との引き換えを行っていますが、これはフリークエンシー・プログラムの一例です。

また、**クラブ・マーケティング・プログラムとは、会員制クラブをつくって、会員にのみ特別な製品やサービスを提供していくしくみ**です。たとえば、多くの航空会社は頻繁に利用する顧客に対して上級会員制度を設けています。会員になるためには、航空会社が設定した高い利用基準をクリアする必要がありますが、上級会員になれば、航空機の優先搭乗やボーナスマイル、空席待ちの優先順位、専用ラウンジ利用など、航空会社から特別のサービスを受けることができるようになります。こうした取り組みは、クラブ・マーケティング・プログラムの一例です。

⇩（2）社会的ベネフィットの付与

顧客を「その他大勢」として扱うのではなく、「個客」として扱うことで、顧客と社会的な絆を深めることもできます。

たとえば、高級ホテルチェーンの「ザ・リッツ・カールトン」では、宿泊客を名もない「お客様」ではなく、顧客の名前を呼ぶよう徹底されています。また、昨今では、インターネット上においても、マイページなどのパーソナライズされたサービスが提供されるケースが増えていますし、他にも、一定時間サイトに滞在した際には担当者がチャットを通して顧客の質問に対応するなどの取り組みが「社会的ベネフィットの付与」に該当するでしょう。技術の発展を受け、より効率化された社会的ベネフィットの提供が可能になっているのです。

⇩（3）構造的結びつきの付与

顧客と構造的な結びつきを強めて、関係性を強化していくこともできます。この構造的な結びつきを強化するためには次の3つの方法が有効になります。

①長期的な契約を結ぶ

顧客と長期的な契約を結ぶことと引き換えに特典を付与していきます。たとえば、新聞であれば自宅まで無料で配達する、雑誌であれば長期契約割引を提供するなどの特典が付与されています。

②ボリュームディスカウントを提供する

大量に製品やサービスを購入する顧客には、大幅な割引を提供し、低価格で販売することが関係強化に有効です。特別なボリュームディスカウントを提供することは、顧客にとって、他社ではなく、自社を選び続けるひとつの理由になるのです。

③製品を長期的なサービスに転換する

製品を販売するだけでなく、長期的なサービスに転換することによって、顧客との結びつきを強化し、長期的な成長につなげていくことが可能になります。たとえば、アップルはｉＰｈｏｎｅという製品を販売するだけでなく、iTunes Store や App Storeを通して音楽やアプリを提供することにより、「生活を豊かに楽しむ」というサービスに転換して長期的な成功を収めたのです。

20代女性をターゲットにした電動バイクの成功から半年…
源さん これが今度の新製品の試作品よ
Epilogue
コトラー先生が教えてくれたこと
おおー いい感じだね
Speedy社は新たに男性向けの中型電動バイクの開発に着手しました
コトラー先生が教えてくれたこと
うん？
それでね
はい！
「相手の期待にこたえ続けること」ができるようになれた自信はないけれど
私なりにがんばっているつもりです
これは私のヘルメットね
試運転としてこれで箱根にツーリングに行こう！

そして私は
大切なことに
気づきました
ブオオオオ
それは――
乗り心地は
どう？
ぎゅ
う
うん
悪くないよ
ただ…
ただ？
う、ううん
なんでもない…

Cafe.
ねぇねぇ
帰りにヤビツ峠に寄ってみない？夜景がキレイなんだって
るるっぷる箱根
えっ
ダメ？
い、いいよ

うわーっ
すごーーい!!
ひゅうう
やっぱり山だから夜になると寒いね
冷えるといけないから戻ろうか?
ううん
こうすればあったかいよ

カチ
コチ
くすっ
ねえ源さん
Speedyの電動バイクにはさ
どんなことがあっても変わらず応援し続けてくれる取引先や販売店 そして
お客様がいてくれたから ここまでこれたのよね
う うん でも、それは会社のみんなでがんばったからだよ
そうだよね
…そして、私にも
どんなときも変わらず ずっと応援して 支えてくれた人がいたから ここまでこれたのね
コトラー先生…
ありがとう …達也さん

レ…
どうして今まで気づかなかったんだろう
どんなときもあなたが側にいて支えてくれたのに
鈍感でごめんね…
ぺろっ
迷惑じゃなかったら…これからもよろしくお願いしたいな
わっ
……っ
レイナちゃん！
ぎゅーっ

レイナちゃんさえ
良かったら
僕はずっと
君を支えていきたい
仕事でも…
そっ…
それ以外でも！
うん
だから
その…
うん

ずっと…!
す、
好きだった
ぼ
僕と
付き合って
ください…!
…はい!

その後はというと…
私たちの交際は
順調にすすんでいます
社長を含め
会社のみんなには
達也さんの気持ちは
バレバレだったそうで
やっと
くっついたか!
まったく!
もー
おそーーい
…と
言われたそうです
Speedyとondaは
社長同士の話し合いがもたれ
和解しました
近々、コラボ製品の開発が
スタートする予定だそうです
よかったー

コトラー先生から教わった
マーケティングを活かして
Speedy
バイクカタログ
次々と電動バイクの
ファンを増やし
会社の業績も好調です
Speedy
バイクカタログ
これからも
まだまだ色々なことが
起こるかもしれませんが
早乙女リーダー
ちょっと
いいですか?
いま行くわ
カタ
バイク百科
ハッピーウェディング特集
恩田孫七の生涯
コトラーのマーケティングマネ
コトラー先生に
教えてもらった
ことを忘れずに
今日も元気に
仕事にプライベートに
がんばっています——

おわりに

さて、マーケティングを通して主人公の早乙女レイナがビジネスパーソンとしてだけでなく、人間として成長していくストーリーはいかがだったでしょうか？

実際に、マーケティングを学べば様々なことがうまくいくようになります。マーケティングの本質は「相手の望むことを、望むタイミングでしてあげること」であり、マーケティングの感性を磨けば磨くほど人との信頼を深めて、ビジネスのみならずプライベートでも充実した生活を送ることができるようになるのです。

たとえば、マーケティング戦略を駆使すれば、お客様が欲しいと心の底から願うものがわかるようになり、それをタイミングよく目の前に置いてあげるだけで、お客様の方から「売ってください」とお願いされるようになります。決して企業側から「買ってください」と売り込みをかけなくても売れるようになるのです。

このマーケティングの考え方は、プライベートにも応用可能です。